Financial
Statement
Analysis

Find the Logic
and Truth
of Financial
Figures

谢士杰◎著

分析 财务报表

看透财务数字的逻辑与真相

机械工业出版社

China Machine Press

图书在版编目（CIP）数据

财务报表分析：看透财务数字的逻辑与真相 / 谢士杰著 . 一北京：机械工业出版社，
2022.8
ISBN 978-7-111-71348-7

Ⅰ. ①财⋯ Ⅱ. ①谢⋯ Ⅲ. ①会计报表 - 会计分析 Ⅳ. ① F231.5

中国版本图书馆 CIP 数据核字（2022）第 139040 号

本书立足报表间的关系和影响，从三个角度解读，带你构建财务分析的"三维视角"。

为帮助深入理解财务报表和企业的经营活动，全书从实力与能力、投入与产出、存量与流量三个角度解读报表。从实力与能力角度看，资产负债表是企业财务实力的体现，利润表是企业经营能力的体现，而现金流量表是企业经营质量的体现；从投入与产出角度看，资产负债表反映企业的投入情况，利润表反映企业经营的产出，现金流量表反映企业现金流的产出，也反映企业产出的质量；从存量与流量角度看，资产负债表反映企业存量信息，而利润表和现金流量表反映企业的流量信息。

在财务分析思路与方法方面，本书提出从宏观和微观角度分析企业的财务状况。宏观方面，提倡从企业所处的商业赛道、企业自身拥有的护城河与企业管理层的可信赖程度方面考察企业的状况。微观方面，介绍了常用的分析方法，以及关于盈利能力、流动性及偿债能力、成长能力、现金流的分析思路。

本书通俗易懂，非常实战。通过理论介绍、经验总结、案例剖析，系统描述财务分析思路以及虚假财报识别的技巧，适合财会从业人员、投资者、金融机构信用评级人员以及企业经营管理者阅读。

财务报表分析：看透财务数字的逻辑与真相

出版发行：机械工业出版社（北京市西城区百万庄大街 22 号　邮政编码：100037）
责任编辑：史维娜　　　　　　　　　　　　　责任校对：刘雅娜　　王明欣
印　　刷：河北宝昌佳彩印刷有限公司　　　　版　　次：2022 年 11 月第 1 版第 1 次印刷
开　　本：170mm×230mm　1/16　　　　　　印　　张：15
书　　号：ISBN 978-7-111-71348-7　　　　　定　　价：79.00 元

客服电话：（010）88361066　68326294

洞察财报真相

片面的真实与刻意的造假

有这样一个故事：医生拿着 X 光片给病人讲述病情，X 光片显示病情较为严重，当医生耐心地告诉病人该怎样配合治疗时，病人却意外地打断医生的讲话，问医生能不能把 X 光片修补一下，把显示有异常的部分修补为正常的状态，这样的 X 光片就能显示他的身体是健康的。

有一些上市公司的经营者与这位病人一样，不想解决问题，只想掩盖问题。当企业的经营业绩不断下滑时，他们首先考虑的不是去改善经营管理，扭转财务恶化的局面，而是千方百计地通过粉饰财务报表掩盖经营不善的事实。

即使严格按照会计准则记录会计数字，财务报表也可能并未真实、准确、完整地反映企业的经营状况。其中的原因有很多，比如会计人员的专业水平不足，会计数字本身的局限性，或者管理层有意隐瞒一些关键信息，这样一来，就会导致对外披露的财务数据尽管是真实的，但可能是片面的。

真正糟糕的问题是，一些公司会刻意进行会计造假，这给财务分析者带来了很大的挑战。

尽管全球资本市场的监管者对财务舞弊行为的处罚力度不断加大，但是舞弊案件仍时有发生。造假者与监管者的博弈一刻都没有停止过。随着造假手法不断地推陈出新，造假套路愈发隐蔽，综合来看，当前财务粉饰的手段呈现以下三个特点。

第一，造假模式更为复杂，完全按照真实的业务流程虚构经济业务，现金流已成为造假流程的重要组成部分。早期财务舞弊案中，现金流造假比较少见，而当前，现金流纳入造假程序已是常态。购销合同、发货收货手续、资金流转单据、发票、合同验收报告等一应俱全。通过虚增业绩，做高估值，然后通过股权融资或债务融资补充现金流，维持正常经营活动，一切看起来都无懈可击。

第二，通过并购重组粉饰业绩成为越来越重要的手段。当前，财务舞弊策略已经不再局限于调节账簿中的会计科目，上市公司已经把并购重组作为业绩调节的重要手段，并且经常与非关联公司进行并购重组，这样的操作手法隐蔽性非常强。

第三，利用复杂的金融工具或通过涉外业务进行财务操纵，增加了查证难度。一些上市公司通过复杂的金融衍生工具比如套期保值等，或者与境外的关联机构或非关联机构合作，进行虚假的商业交易，从而达到操纵报表数字的目的。

由于当前财务舞弊的模式与手段更加复杂，更具系统性，并且是全链条式的造假，加之传统手段与新型金融工具相结合，财务报表的分析和识别正面临前所未有的挑战。

面对这种情况，我们该怎么办？

华人神探李昌钰介绍侦破案件的经验时，总结出七点经验，那就是"七看"：站着看、弯腰看、腰弯深一点看、蹲着看、跪着看、坐着看、各种方法综合起来看。这"七看"实际上告诉我们一个朴素的道理：挖掘事实的真相，不能只看一面，要通过各个角度、多个层面的信息综合考察、分析和判断。

对于财务真相的挖掘，我们当然不能只看一面。既要看报表中的数字，也要看车间厂房的机器；既要看企业自身的经营状况，还要看所处行业的发展现状与趋势；既要看微观的信息，也要关注宏观的信息。只有掌握更多的信息，通过多方位观察、多层次求证、多角度分析，才有可能洞察企业真实的经营状况与财务状况。

电影《罗生门》里的武士被杀案扑朔迷离，不知道谁是真凶，原因何在？因为案件的几位当事人都基于自身角度做出了最有利于自己的陈述，篡改了事实，掩盖了真相。为什么有些上市公司的财报数字看起来疑点重重、悬念丛生？根本原因是里面的数字是人为设计出来的。财务舞弊是一个复杂的现象，既有人性趋利避害的原因，也有巨大利益诱惑的原因；既有公司内部治理缺陷的问题，也有外部监管不力的问题。

正因为复杂，所以我们对于财报的分析，首先，要有质疑的意识和能力，善于从报表数字中发现逻辑异常，善于从会计数字与企业行为的背离中发现异常，善于通过行业横向对比以及历史纵向对比发现异常；其次，要具有辩证的思维，看问题要一分为二，阅读财务数字既要知其一又要知其二；最后，对财报中的信息，既不能轻信，也不要轻易下结论。

本杰明·格雷厄姆和戴维·多德在他们的名著《证券分析》一书中写道："切记不可以蠡测海，只看表面和眼前的现象。笔者以自己闯荡华尔街二十年的沉浮经验告诫读者，表面和眼前的现象是金融世界的梦幻泡影与无底深渊。"

财务报表分析能力不仅仅是财务会计专业人士需要具备的基本功，也应该成为所有从事经营管理、商业贸易、投融资职业的人士必备的一种工作技能。

为什么很多人对于财务报表里面的数字感到困惑和不解？主要原因是会计数字有两面性：一面是正常的数字，一就是一，二就是二，数字是正常的也是真实的；另一面是非正常的数字，一未必是一，二未必是二。非正常的数字也有两种可能：一是真实但片面；二是企业故意造假。

本书的核心内容就是从两个方面论述：第一，正常的财务数字如何解读；第二，非正常的或虚假的报表如何辨识和判断。

本书的特点

本书具有以下五个特点。

第一，本书不仅告诉读者怎样解读真实的、正常的财务报表，而且帮助读者看透数字背后的假象，以及辨识虚假的财务报表。比如，怎样通过报表内数字的逻辑异常，识别会计舞弊行为，如何通过实地调研发掘企业财务真相。

第二，本书系统地解读了四张财务报表之间的关系以及相互影响。四张财务报表之间存在显性的和隐性的关系，更重要的是，报表之间会相互影响，比如资产负债表会影响利润表，反过来利润表也会影响资产负债表。我们详细解读这种报表之间的关系与相互影响，帮助读者更深层次地理解财务报表。

第三，本书对于资产负债表、利润表、现金流量表这三张财务报表的理解和解读的角度有新意。我们从实力、能力与质量，投入与产出，存量与流量三个角度解读报表。从实力、能力与质量角度看，资产负债表是企业财务实力的体现，利润表是企业经营能力的体现，而现金流量表是企业经营质量的体现；从投入与产出角度看，资产负债表反映企业的投入情况，利润表反映企业经营的产出，现金流量表既反映企业现金流的产出，也反映企业产出的质量；从存量与流量角度看，资产负债表反映企业存量信息，而利润表和现金流量表反映企业的流量信息。

第四，在财务分析思路与方法方面，我们提出从宏观和微观的角度分析企业的财务状况。宏观方面，我们提倡构建"三维视角"，从企业所处的商业赛道、企业自身拥有的"护城河"与企业管理层的可信赖程度这三个方面考察企业的状况；微观方面，我们介绍了常用的分析方法，以及关于盈利能力、流动性及偿债能力、成长能力、现金流的分析思路。

第五，本书立足实战，语言力求灵活生动、通俗易懂，通过理论介绍、经验总结、案例剖析，全面、深入、系统地介绍财务分析思路以及虚假财报识别的技巧。

本书的主要内容

本书共分为四部分。第一部分是"避开财报陷阱：财报里也有'江湖'"，这一部分的内容属于财报分析的"理念篇"。财报分析人员首先要从思想观念上树立正确的理念。善于质疑是财报分析人员必须坚持的理念之一。不可轻信财务报表中的数字，要读懂报表提供者的动机和意图，同时要具备洞察财报真相的技巧和能力。

第二部分是"重新认识四张财报之间的关系及相互影响"，这一部分的内容属于财报分析的"认识篇"。深刻认识四张报表之间显性的、隐性的关系及相互影响，对于我们解读财报具有极为重要的意义。

第三部分是"财报分析新格局：突破思维局限，建立全局分析视角"，这一部分的内容属于财报分析的"方法篇"。本部分的内容主要从两个方面介绍财务分析的思路与方法：第一个方面是较为宏观的方面，从商业赛道、"护城河"、管理层的"三维视角"看待企业、分析企业、评价企业；第二个方面就是微观的、具体的财报分析方法的介绍，比如财务分析中最常用的分析方法、财报分析的四条主线等。

第四部分是"发掘财报真相：逻辑判断，多维验证"，这一部分的内容属于"真相篇"。在实务中，有很多公司的财务报表被人为粉饰，存在虚假记载的问题，导致财务数字偏离了真实的经营状况。尤其是一些上市公司的财报，财务舞弊手法越来越隐蔽，越来越复杂，这就给我们识别、分析财务报表带来很大的挑战。这在客观上要求我们，不仅要善于分析真实的财务报表，而且要能够识别虚假的财报。本部分内容介绍了识别财务异常的 3 条途径、15 个逻辑判断指标，以及如何通过实地调研发现企业经营的真相。

本书的读者对象

财务会计从业者：通过阅读本书可以系统地掌握财务报表分析的思路、技巧和方法，可以看透财务数字真实的一面与虚假的一面。通过本书提高对财务报表的认识，深入理解报表之间密不可分的关系与相互影响，提高财报分析的能力。

投资者：通过阅读本书可以掌握正常的财务报表分析方法，可以通过财报数字的逻辑关系判断会计舞弊的行为，掌握实地调研的思路与方法，通过多维验证发现企业的经营与财务真相，准确判断企业的投资价值，为自己的投资决策提供强有力的支持。

信用评级、银行授信人员：通过阅读本书可以掌握财报分析方法，并通过财务数字的异常判断企业是否存在会计造假，也可以掌握现场考察、访谈的技巧，以了解企业真实的经营状况。

其他企业经营管理人员或者创业者均可通过阅读本书，掌握财务分析的方法，识别财务造假的手法，洞察企业经营的真相。

感谢机械工业出版社的大力支持，感谢策划编辑石美华老师，感谢每一位参与了本书编辑、出版的工作人员，感谢试读了本书的读者。没有你们的辛苦付出，就不会有本书的问世。

书稿写作过程中，本人反复推敲斟酌，数次修订，但由于水平有限，书中难免出现疏漏或错误之处，敬请广大读者批评指正。

谢士杰

| 目 录 |

第四部分　发掘财报真相：逻辑判断，多维验证

第 一 部 分

避开财报陷阱
财报里也有"江湖"

本部分内容属于财报分析的"理念篇"。财报分析者首先要从思想观念上树立正确的理念。

财务报表既是一家企业立足于商业社会的名片，也是其进入资本市场的敲门砖。无论申请银行贷款、发行债券，还是出售股权或申请公开上市，企业都需要提供自己的财务报表。财务报表是传递企业经营状况、财务信息最重要的载体，没有比通过阅读、分析财报信息了解一家企业更便捷的通道了。但是，假如你一厢情愿地认为财报中的数字都是真实的、可信的，你会因此犯下错误。

财务报表里也有"江湖"，尤其是在金融市场，财报里的数字关乎公司的估值、资本市场的股价，以及投资者、股东、中介机构等无数相关者巨大的利益，很多企业愿意挖空心思在财报上面"动手脚"也就再正常不过了。

善于质疑是财报分析人员必须坚持的理念之一。不可轻信财务报表中的数字，要读懂报表提供者的动机和意图，同时要具备洞察财报真相的技巧和能力。只有这样，才能准确理解财务报表中的数字，看透企业财务真相，避开财报中的陷阱，从而帮助自己做出正确的决策。

第 1 章

我不是教你"诈"
财报背后的玄机

　　财报数字的背后，不仅仅是企业的财务状况和经营成果，还有企业管理层的动机和意图。财报里既有真实的信息，也可能有虚假的信息，真实财务数据里可能存在假象，而虚假财务数据里也隐藏着企业经营的真相。

　　"如果你同时养了猫和鱼，猫吃了鱼，你除了责备猫，更应该责备自己。"这是美籍华人作家刘墉说过的一句话。我们借此警示财报分析者：财报里也有"江湖"，财报里当然也有"诈"。假如被虚假的财报蒙蔽了双眼，并因此做出了错误的决策，除了谴责舞弊者道德败坏，我们也要反问一下自己：是不是我们解读财报、辨别真假的能力尚存不足呢？

1.1　勿轻信与莫妄言

"勿轻信"与"莫妄言"是财报分析人员需要树立的两个理念。"勿轻信"是指不要轻易相信财报中的信息，因为其中可能有"诈"；"莫妄言"就是不要轻易对财报的信息下结论，必须考虑周全，辩证思考，多方求证，谨慎判断，不要草率得出好与坏的结论。

编制财务报表的初衷，是为了内部使用，其更多的是一种机密信息，是为了掌握自身的资产、负债、所有者权益、收入、成本和利润等信息，但随着社会经济的发展、金融市场的繁荣，财务报表逐渐成为企业对外展示自身经营能力的"商业名片"。既然是对外展示，那么对企业经营者来说，如何"乔装打扮"，让财务报表呈现的信息更符合自己的意图，就成为一门"必修课"。

需要注意的是，经过"乔装打扮"的报表，不一定都是把自己"打扮"得更强壮或者更靓丽，也可能是更孱弱或者更丑陋，具体要看企业管理层的目的是什么。

道理很浅显，无须过分解读。正是因为财务报告中有可能刻意隐藏了经营实质或者粉饰了某些数据，甚至对会计数字进行了彻底的舞弊，所以我们在阅读、分析财务报表时，保持怀疑的态度，勿轻信就对了。

"莫妄言"本意是不说谎话，不胡言乱语，不以讹传讹，不逞口舌之快等。这里的"莫妄言"是指不要对财务数据妄下结论。财务数据背后传递的信息不止一面，既有财务会计人员对准则的不同理解，也有企业老板强加给财务人员的意图；既有不同行业、不同企业财务状况的可比性问题，也有会计数字明盈实亏或明亏实盈的问题。如果是外部人员，对于企业的真实经营情况了解有限，仅凭财务数据就轻易地得出企业经营好坏的结论，往往会失之偏颇。所以，我们提出财务分析要拓宽视野，要关注财务之外的非财务因素，还要像侦探一样进行逻辑分析、多维验证，这样才能避免"一叶障目，不见泰山"，更全面、更准确地了解企业的财务状况。

1.2 财报背后管理层的"如意算盘"

由于立场不同、利益不同，信息发布者对于自己发布的信息也会有所取舍。比如，什么信息可以发布，什么信息不能发布，什么信息需要修饰，什么信息需要加工，等等。即使发布的是真实的信息，也有可能是片面的。

财务报表属于企业的重要信息，无论上市公司还是非上市公司，其对外报送的财报都会经过管理层的审核。在审核的过程中，管理层可能会加入主观因素的"过滤"，而经过"过滤"的财报可能会出现隐瞒、谎报、伪造某些信息的情况。

面向不同的财报解读主体，财报提供者的意图和动机会有所差异，我们将从投资者、金融机构、税务部门这三个角度来探讨财报背后管理层的"如意算盘"。

1.2.1 隐瞒、谎报与伪造

有三种"人为因素"会对财务报告的数据质量产生重大影响，即报表提供者刻意隐瞒某些信息、谎报某些信息或者提供经过伪造的信息，如图 1-1 所示。在这三种情况中，伪造的性质最为恶劣。

下面，我们对这三种情况逐一进行解读。

第一，隐瞒信息。

对于上市公司来说，隐瞒财务信息、经营信息的情况时有发生，一些

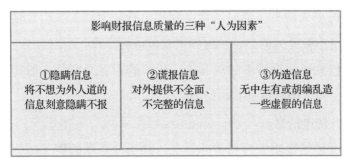

图 1-1　影响财报信息质量的三种"人为因素"

公司会对某些信息进行选择性披露。被隐瞒的信息多数属于对公司不利的信息。随着金融监管法律法规的建立健全，对所有重大信息强制公告，隐瞒不报的程度已经大大降低。比如，之前国内上市公司定期报告中对于企业的经营管理、业务情况、重大信息公告的披露要求较少，在 2003 年之后，中国证监会对于报告披露信息的深度和广度有了越来越详细的要求，比如对报告期产生重要影响以及对未来具有重大影响的事项，强制进行披露。

　　当然，隐瞒的信息不一定完全是不利信息，也有一些利好消息，利好消息的隐瞒动机可能是管理层认为时机不成熟，或者试图压低股价，或者为了平滑业绩。

　　对于公司隐瞒的信息，在有些情况下，财务分析师可以根据公开信息推测出来，但大多数情况下无法觉察，只能依据事情的后续发展和信息披露获悉。

　　第二，谎报信息。

　　谎报信息，就是报表提供者不说实话，对自己发布的财务信息、经营信息进行人为的夸大或缩小，提供不完整、不全面的信息，或者对部分信息进行虚假加工，将不利的信息说成有利的信息，或者刻意降低不利信息的影响。通常来说，上市公司谎报财务信息的情况要比伪造会计数据的情况更为常见。谎报通常会利用会计政策变更、会计估计等会计手段,经过小幅度的调整,让财务报表显得更好看。

谎报信息通常会留下蛛丝马迹,优秀的财务分析师一般能够识别谎报的信息,或者能够发觉其中的异常。

第三,伪造信息。

伪造信息是性质极为恶劣的行径,就是赤裸裸的财务造假。故意大规模伪造数据的上市公司是极少的,像蓝田股份、万福生科、绿大地等严重财务舞弊的案例并不多,但是伪造行为给投资者带来的损失是巨大的,对上市公司的信誉冲击也是很大的。

大多数伪造的会计数据都能够被识别,即使暂时不能证明数据是虚假的,我们仍然能够通过必要的技巧和手段辨别异常。识别虚假会计数字的方法有很多,比如可以从报表之间的勾稽关系、表内表外的经营逻辑进行判断,对上市公司的财务状况与投融资的行为进行比对验证等。百密必有一疏,任何伪造的会计数据都会留下漏洞。当然,假如上市公司的会计伪造经过审计机构的配合,再串通客户、供应商、银行等单位,这样的伪造成本很高、难度很大,会给投资者的识别带来很大挑战。但是时间是造假者的敌人,任何伪造的财务信息随着时间的推移终将露出马脚,因为纸毕竟包不住火。

1.2.2　投资人读懂上市公司财报背后的动机

相较于其他主体,上市公司、拟上市公司财务舞弊的动机往往更强,因为造假获得的利益更大。

从全球资本市场公开披露的财务造假案例中可以看出,上市公司业绩造假的规模,造假的诸多套路,以及为了财务造假投入的巨大资源,都令人瞠目结舌。很多上市公司的高级管理者,因为财务造假被罚款,被禁入市场，甚至被判刑入狱，而且目前对资本市场进行监管的各种法律法规逐渐完善，惩戒的力度不断加大，投资者识别上市公司造假的技术也在不断提高，但这一切并没有完全阻断财务造假之路。

我们应该清楚，实际上大多数上市公司并不会刻意进行财务造假，那些财务造假性质恶劣的上市公司，之所以进行财务造假，往往都有其内在的驱动因素。

上市公司在什么情况下，财务造假动机较为强烈？我们列出最常见的六种情况。

（1）连续三年亏损，即将被强制摘牌退市，通过财务造假，做成盈利，避免被摘牌。

（2）连续两年亏损，即将被贴上 ST[⊖] 的风险警示。为了避免被戴上 ST 的帽子，将亏损做成盈利。

（3）股价持续下跌，连续 20 个交易日跌破面值，面临暂停上市的风险，为了阻止股价继续下跌，通过业绩增长造假，刺激股价上涨。

（4）大股东转移资产。大股东为了将上市公司的资产转移至自己名下，会通过编造虚假的业务往来，非法转移上市公司的资金或其他优质资源。

（5）为了实现对赌协议或应付业绩考核。有些公司与战略投资者在融资时签订了对赌协议，对赌协议对公司每年的净利润、收入的增长有硬性要求，否则就会提高融资成本，在这种情况下，公司伪造会计数据的动机就比较强烈。

除了应对业绩对赌，还有一些上市公司是为了应对业绩考核，如果业绩不达标，会对高管的薪酬待遇、职位升迁等产生重大影响，在这种

⊖　当一个公司连续两年亏损或者净资产低于股票面值时，股票名称前就会被加上"ST"，用来警示风险。

情况下，公司核心管理层就会要求财务人员在会计数字上动手脚。

（6）融资的需要。上市公司在企业经营中都会发生融资活动，银行贷款、发行债券或者增发股份。客观上融资成本、融资额度都与企业的财务业绩挂钩，所以如果企业正处于融资压力之下，财务舞弊的概率就会加大。

我们仅列出上市公司常见的六种财务舞弊动机，实务中远不止这些，最重要的是，我们要认识到以下三点。

第一，造假的成本较高，风险较大，通常情况下，大多数经营状况良好、发展稳定的上市公司不会轻易进行较为严重的财务造假，但是对会计数据进行有限度的粉饰行为较为普遍。

第二，所有进行会计造假的上市公司的背后，都有强大的利益动机，造假获得的利益越大，动机越强烈。当然，我们不能做"有罪推定"，即使有造假动机，未必一定会造假。我们在分析上市公司财报时，如果企业存在造假的动机，恰好企业的经营状况正呈现恶化的趋势，那么这种情况应格外警惕。

第三，上市公司的财务报表不一定都是虚增收入和利润，也有可能刻意压低收入和利润，目的可能是平滑业绩，不想让业绩出现大起大落的波动。

1.2.3　金融机构读懂借款人财报背后的意图

借款人对财务数字的粉饰与上市公司的手段没有太大差别，但是通常情况下会在债务负担、偿债能力方面刻意伪装。

商业银行、担保公司等金融机构向企业授信时，会要求企业提供财务数据。商业银行授信更关注企业的偿债能力，对于被授信的企业来说，它们会为了迎合商业银行的要求，在财务数据方面做些修饰。

　　借款人粉饰财务报表的意图，通常是将自己的财务数据修饰得更为好看一些，比如适当拔高收入、隐匿部分成本费用、虚增营业利润或者刻意隐匿债务。另外，借款人会采取措施降低资产负债率，隐匿一部分债务，提高流动资产的比重，降低流动负债的比重，最终让自己的财务报表看起来债务负担更轻，资产流动性更好，短期偿债能力更强。

　　那么，借款人如何隐匿债务呢？一种方式是推迟确认债务，比如一项债务发生在当年 12 月，为了使当年的财务报表更好看一些，借款人会把这项债务放至下一年度确认，从而在当年度的财务报表中不体现这一笔债务；另一种方式是通过与关联公司或者其他间接控制的公司走账，比如公司无偿借用其他关联公司的资产、设备，这样就无须占用自己的现金流，也无须发生任何债务，这就是将本属于表内的债务隐匿到表外。当然，在这种情况下，借款人往往会做得非常隐蔽，比如与之走账的公司往往从股权结构中看不出与借款人有任何关联关系。

　　金融机构在评估借款企业的信用能力时，要做到以下四点。一是重点考查企业的现金流：经营现金流的净现金流量的稳定性和持续性如何，是否存在资金缺口，每年现金流水的规模有多大。二是要考查企业的经营业务开展情况：是否形成稳定的客户，能否获得稳定的收入和利润，是否已经形成成熟的商业模式。三是关注企业高价值的不动产或其他可抵押的资产，必要时要求其提供抵押或担保。四是现场走访企业，实地考察企业经营现场，掌握企业经营现状的一手信息。

1.2.4　税务部门读懂纳税人财报背后的意图

　　压低利润、少缴税是纳税人操纵财报的目的。

　　企业在纳税申报时，除了进行纳税申报的填报，还需要提交资产负债表、利润表和现金流量表。

企业在面对税务部门时，其报表的编制意图与借款或者股权融资大不相同。向投资者融资或者向金融机构借款时，企业进行财务操纵的目的是"打肿脸充胖子"，让自己的利润尽可能多，财务状况尽可能优秀；但是在进行税务申报时，恰恰相反，企业会尽可能地"装穷"，尽可能地压低自己的收入和利润，从而达到少缴税或不缴税的目的。

纳税人逃避税收的招数无非是少确认收入或推迟确认收入，虚增成本费用，尽可能地降低净利润，从而达到少缴税或不缴税的目的，当然也有一些小微企业会通过做两套账来逃避税收。对企业来说，事实上，充分利用税收优惠政策降低税负是最好的避税策略，任何试图通过隐匿收入、虚增成本费用达到避税目的的行为都是违法的，也难以逃脱税务部门的法眼。

理解财报背后管理层的意图和动机，对于我们分析财报有三点帮助。第一，假如我们分析的财务报表是上市公司的财报（包括正在申请IPO的拟上市公司的财报），那么我们要清楚，报表业绩"虚胖"的可能性较大，也就是说上市公司的财报绝大多数都是虚增收入和利润，故意做低利润的可能性小（极少数情况下，上市公司为了平滑利润，也会故意压低当期利润）；第二，假如我们分析的是企业为了融资提供给金融机构的报表，那么这样的报表虚增利润、做高业绩的可能性大，隐匿负债、刻意降低负债的可能性也比较大；第三，假如我们分析的是企业提供给税务部门用来报税的报表，那么这样的报表刻意压低利润的可能性更大，即纳税申报的报表所显示的利润往往低于真实业绩，其目的是少缴税款。

第 2 章

财报里的真相与假象

财报里当然包含企业的真实信息，资产负债表反映企业的财务结构、资金来源等财务信息，利润表反映企业的收入、成本费用、利润等经营成果，现金流量表反映企业的现金收入、现金支出、现金结余等现金流信息。读懂和理解这些信息对我们进行经营决策非常有帮助。但是，我们也应该看到，财报数字的背后可能存在假象，这些假象分为两类，一类是故意的财务造假，另一类并非企业故意造假，而是由于一些特殊原因，部分财务数据未能真实地反映企业的经营情况。在进行财务报表分析时，必须对财报数据质量有所判断。

2.1 突破财报信息的局限性

通过财报研究一家企业的投资价值是最便捷、最有效的途径，但仅凭财报信息并不能完全看清一家企业的经营全貌，因为财报信息具有客观局限性，那么这些局限性表现在什么地方？又如何突破财报局限性呢？

2.1.1　财报信息的四大局限性

财报信息的局限性主要表现在四个方面，如图 2-1 所示。

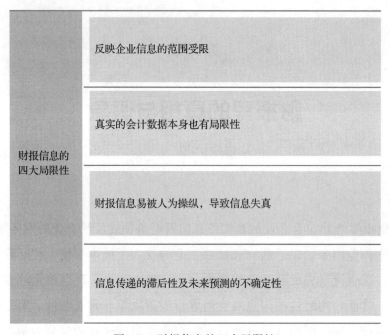

图 2-1　财报信息的四大局限性

第一，反映企业信息的范围受限。

财务报表只反映企业的局部信息，并不是所有影响企业价值的信息都能在报表中体现。财报呈现的只是企业的财务、经营、现金流的信息，实际上对企业生存、发展影响很大的其他因素，比如人力资源、技术能力、产品竞争力、供应链整合能力、品牌影响力等无法在财务报表中呈现。所以仅凭财务报表很难将一家企业的真实状况研究透彻。

第二，真实的会计数据本身也有局限性。

即使企业的会计数据完全遵循会计准则，也不能保证数据能完全真实地反映企业的经营与财务状况。真实入账的存货可能一文不值，准确核算的应收账款可能永远无法收回，固定资产既可能被高估也可能被低估。除此之外，会计人员的专业水平也会影响会计信息质量。不同的会计人员面对同一笔业务，由于对会计准则的理解不同，或者对会计估计存在差别，都会造成会计处理的结果不同。

第三，财报信息易被人为操纵，导致信息失真。

会计报表由企业的会计人员编制，客观上就存在被粉饰、造假的可能性，尤其是造假能够带来巨大利益的情况下，人为编造、歪曲的会计信息给我们分析财报带来巨大挑战。所以解读财报，必须掌握识别财务造假的技巧。

第四，信息传递的滞后性及未来预测的不确定性。

首先，从上市公司财报披露的时间看，年报通常在年度结束之后的 4 个月之内，半年报在 2 个月之内，所以我们看到的即便是最新财报，通常也过去了数月。对于一些发展较快、波动较大的企业来说，数月前后可能已是云泥之别。

其次，财报数据都是企业历史信息的反映，都是过去式，而企业财务状况的优与劣，企业内在价值的高与低，大多数情况下取决于未来的情况，而未来的发展充满未知和不确定性，因此，即使我们的财务分析、经营分析做得非常深入、细致、专业，仍然不能保证分析结论一定能够帮助我们决策无误。

2.1.2　突破财报信息局限性的三大对策

要突破财务报表信息的局限性，我们必须做到以下三点：拓展数据的广度与深度、辨别数字真伪、将财务信息与非财务信息互相验证（见图 2-2）。

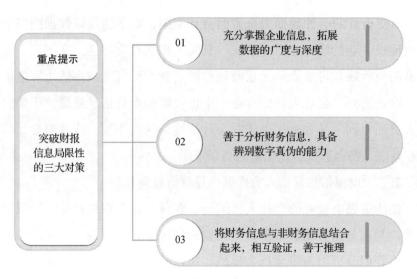

图 2-2   突破财报信息局限性的三大对策

第一，充分掌握企业信息，拓展数据的广度和深度。

做好财务报表分析，不能将视野局限在财务会计信息里面，而是要充分掌握各方面的企业信息，拓展数据的广度和深度。

首先，要充分了解企业的表外信息，包括主营产品、公司战略、盈利模式、经营特点、生产能力、营销能力、技术水平、发展历史等信息，当然也包括企业高管受到监管部门的奖励与惩罚，企业内部员工、上游供应商、下游客户反馈的各种评价，以及各种媒体报道的正面与负面新闻等。不同的信息来源，往往反映企业不同的特点。不但要了解企业当前的信息，而且要从企业的纵向历史信息中挖掘企业更多的趋势变化信息，并能够对企业未来的发展趋势做出恰当的预测。

其次，要充分掌握外部宏观信息，包括行业信息、市场信息、政策信息等。企业的发展与外部的宏观环境息息相关。所以在分析一家企业的财务数据之前，务必掌握市场的竞争格局、产业政策、进入与退出壁垄、市场供需状况等。

再次，要与同类公司进行横向对比。只有把企业放在同类公司以及整个行业中，才能看出企业的差距与优势，没有对比就没有鉴别，只有与竞争对手做对比，与行业指标做对比，分析评价的结论才能更客观。

最后，必要时应通过侧面调研数据来验证报表数据的真实性。比如像浑水公司那样，通过各种途径进行侧面调查，获取一手资料，这些调研数据往往对财报中的数据具有极强的验证作用。侧面调查、实地调查，正是浑水公司研究上市公司的独门秘籍。

总之，研究一家企业的财务状况、经营状况，没有比穷尽各种可能掌握更多信息更有效的方法了。严格来说，财务报表分析，并不仅仅是对财务报表数字的分析，更多的是研究企业的表内与表外、企业与行业、微观与宏观的信息，既要深入数字的内部，又要跳至企业的外部，通过多个角度来综合研判企业的财务状况究竟是优还是劣，财务数字是真还是假，财报可信度是强还是弱。只有这样，才能准确了解企业经营的真实情况。

第二，善于分析财务数字，具备辨析异常、识别真伪的能力。

财务报表分析人员还必须掌握识别异常指标、辨别数据真假的技巧和方法。

要了解四张财务报表之间的勾稽关系，因为很多财务造假的报表，往往从勾稽关系中就能发现问题。不同报表之间的科目或项目往往有密切的内在联系，一家资产负债表和利润表都很差的公司，其现金流量表通常不会好看。企业能不能盈利，不仅仅是利润表的问题，也和资产负债表的结构有关，还与企业现金流有关联。看懂财务报表之间显性、隐性的关系，是做好财务分析的第一步。

当然，财务分析人员还必须能够辨别异常指标，对于财务报表中非正常的逻辑变动关系，要有敏锐的洞察力。假如一家企业的利润表很好看，盈利能力也很强，业务增长速度也很快，但是现金流却很紧张，负债率很高，频频进行大规模外部融资，这种异常的现象中很可能存在业绩造假的问题。还有"存贷双高"、两年微利一年大亏等，这些财务信号都是危险信号，存在财务舞弊的概率很大，即使不存在财务造假，这样的财务状况也是不正常的。

第三，将财务信息与非财务信息结合起来，相互验证，善于逻辑推理。

财务报表呈现的只是企业的一部分信息，具有很大的局限性，如果想更准确地掌握企业的经营与财务状况，必须善于将财务信息与非财务信息进行相互验证，通过合理的推理、演绎、预测等方法，研判企业财务数据的可信度。

笔者认为，严肃的财务分析过程，不仅仅是对报表内部的数字进行分析，更多的是对企业的经营信息、财务信息进行证实或证伪，是一个去伪存真、发掘企业真相的过程。

2.2　真实财报里有假象

即使财报数据是完全真实的，也未必能准确反映企业的经营状况。

为什么说真实财报里有假象呢？即使会计不进行任何刻意的财务造假，而是严格按照《企业会计准则》记账、编制财务报表，仍然不能保证所有的报表数据都真实地反映企业的经营与财务状况。其原因有可能是数字本身具有局限性，也可能是一些特殊情况导致真实记录的数据并未反映真实的经营状况。比如，真实入账的存货可能没有什么价值，真实销售业务形成的应收账款可能永远都无法收回，类似的情况不胜枚举，最关键的是，我们不能只看数字的表面，而是要看经营的实质。

我们在此将几种可能出现的假象列示出来，抛砖引玉，帮助大家更客观地看待财务报表。

2.2.1　速动比率高，企业短期偿债能力未必强

速动比率高有可能是一种假象，并不能说明企业的短期偿债能力强，还要看流动资产的质量如何。

流动比率与速动比率都是反映企业流动性和短期偿债能力的指标，这两个指标的通俗解释就是，假如账面的流动资产足够偿还流动负债，通常当流动比率为 2 倍、速动比率为 1 倍时，企业短期偿债能力是比较好的，如果低于这个值，偿债能力可能偏低。

因为速动比率扣除了变现能力相对较弱的存货，所以速动比率比流动比率更为可靠一些，很多专业的财务分析师、证券分析师更偏爱速动比率。但是，速动比率高，企业的短期偿债能力就一定强吗？

答案是不一定，最主要的原因是流动资产的质量不一定高。虽然速动比率排除了存货因素，但是流动资产中的其他指标，比如应收账款、其他应收款、预付账款等的质量未必高。比如应收账款，应收账款的质量与账龄密切相关，假如应收账款里存在大量的尚未冲销的坏账，或者账龄在几年以上的应收款，这样的应收账款质量就很差，变现能力自然就很弱，这样的资产怎么能用来偿还流动负债呢？

我们再看其他应收款，在实务中，很多单位的其他应收款都是一些房租押金、投标保证金、员工备用金借款，还有与关联公司的往来款。其实除了押金、保证金还可以收回，像备用金借款、关联公司往来款基本上不会收回，这些借出去的钱大多数已经花完，只不过没有清账。所以，其他应收款真正能变现的金额也有很大的不确定性。

严格来说，预付账款就是付给供应商的预付款，这部分资金虽然在流动资产中列示，实际上绝大多数都不可能再退回，是很难变现的。

通过上述分析，我们可以看出，流动资产的质量有很大的不确定性，假如流动资产质量差、变现能力弱，那么速动比率再高又有什么意义？所以，我们在分析流动比率、速动比率时，务必对流动资产中的每一个科目进行仔细推敲，这样才能不被看起来很高的比率指标蒙蔽。

2.2.2　资产负债率高，企业债务风险未必高

资产负债率高有可能也是一种假象，其不一定表明企业的债务风险高。

资产负债率是大家非常熟悉的一个指标，是指总负债与总资产的比率，它也是反映企业债务负担轻重、财务风险高低的一个综合性指标。通常情况下，资产负债率越高，表明企业外部融资的风险越高。但是我们必须研究资产负债率高的原因是什么，并不是在任何情况下资产负债率高都表明财务风险高。

第一，了解负债的构成是什么。有一种情况的负债应作为例外情况看待，那就是关联公司之间的负债。关联公司之间的负债与正常商业交易的负债是不同的，因为关联公司负债的刚性付款条件很弱，也就是说什么时候付款、付多少都可以商量，甚至最后由于经营不善或者其他原因也可以不偿付。所以，如果一家企业的负债主要是由关联公司的负债构成的，那么这样的负债风险很小，负债率高也并不说明风险高。

第二，债务风险的高低，不完全取决于资产负债率，还要看现金流的情况。假如企业的经营现金流表现很好，持续多年为正值，而且保持较为稳定的增长态势，与企业的营业收入、利润增长的趋势大致同步，这表明企业创造的现金流良好，在现金流比较好的情况下，即使企业的资产负债率偏高，也不能认为其债务风险高，因为企业有足够的资金偿付债务。

因此，当我们看到企业的资产负债率比较高，比如说达到 70% 或 80%，我们也不能想当然地认为其债务风险高，同理，资产负债率低，不见得风险也低，应该分析其负债的构成，业务开展的情况，收入、利润以及现金流的情况，综合考虑其他因素之后，才能有一个准确的判断。

2.2.3　销售净利率高，企业盈利能力未必强

之所以说销售净利率高，企业的盈利能力不一定强，主要原因是净利润的来源不一定可靠。假如企业的净利润主要是由主营业务贡献的，那么这样的销售净利率高是可靠的，说明企业的盈利能力确实强，但是假如企业的利润主要是非经常性损益带来的，那么这样的利润来源不稳定、不可靠，难以持续，这样的销售净利率就不能反映企业的盈利能力一定强。

2.2.4　经营活动创造的净现金流量多，现金流未必健康

经营活动创造的现金流量是企业最重要的现金流来源，但是有时候数字也有迷惑性。

我们在分析现金流量表时，通常非常关注"经营活动产生的现金流量净额"，如果经营活动产生的现金流量较多，那么说明企业的现金流比较健康。这样分析大体上没有问题，但是在某些情况下，现金流量表中的"经营活动产生的现金流量净额"也有假象。

在经营活动产生的现金流量的现金收入中，其中有一个项目是"收到其他与经营活动有关的现金"，这一项目包含的内容如表 2-1 所示。

表 2-1   "收到其他与经营活动有关的现金"项目包含的内容

科目	具体内容
营业外收入	收到的各种罚款收入，比如员工迟到或者损坏公物交纳的罚款等
其他业务收入	收到的废品收入，出售报废边角料收入等
其他应收款	收回的前期员工借走的备用金，收到关联公司之间的往来款等
其他应付款	收到的包装物押金等

我们从表 2-1 可以看出，"收到其他与经营活动有关的现金"包含的内容比较庞杂，具体包括罚款收入、废品收入、备用金借款、包装物押金等，这些金额通常不会太大，但是有一种情况值得我们重点关注，那就是关联公司之间的往来款，这些金额往往比较大，会对经营活动产生的现金流产生重大影响。

我们通过一个案例来说明这个问题。

◎ 案例 2-1

甲公司经营现金流量分析

表 2-2 是甲公司现金流量表中"经营活动产生的现金流量"部分数据，我们能从表 2-2 的数据中看出什么问题吗？

表 2-2   甲公司现金流量表中"经营活动产生的现金流量"

项目	金额（万元）
一、经营活动产生的现金流量：	
销售商品、提供劳务收到的现金	305.36
收到的税费返还	—
收到其他与经营活动有关的现金	465.39
经营活动现金流入小计	**770.75**
购买商品、接受劳务支付的现金	287.21
支付给职工以及为职工支付的现金	103.02
支付的各项税费	31.52
支付其他与经营活动有关的现金	18.49
经营活动现金流出小计	**440.24**
经营活动产生的现金流量净额	**330.51**

甲公司经营现金流看起来良好，经营现金净流量高达 330.51 万元，但是我们仔细研究经营活动现金流入的情况发现，"收到其他与经营活动有关的现金"高达 465.39 万元，金额如此之大，肯定不属于正常情况，因为我们在前面讲过，"收到其他与经营活动有关的现金"一般包括罚款收入、备用金借款、报废边角料收入、包装物押金等，这些收入一般金额不会太大，但是甲公司的该项金额高达 465.39 万元，肯定不属于这些情况，那究竟是什么呢？其实，其中有 400 万元是收到的关联公司的往来款，假如剔除 400 万元往来款，那么甲公司的"经营活动现金流入小计"就变为 370.75 万元，由此计算出甲公司的"经营活动产生的现金流量净额"就变为 –69.49 万元，这才是甲公司真实的经营现金流状况。

甲公司如果把收到的关联公司往来款去掉，其经营现金流就变为负值，也就是说甲公司目前处于入不敷出的状态。为什么要把关联公司的往来款剔除呢？因为关联公司的款只是暂时借给甲公司的，相当于无息借款，并不属于甲公司自身创造的现金收入，实际上是甲公司的负债，但是公司没有把关联公司的往来款计入"筹资活动现金流入小计"，而是计入"经营活动现金流入小计"，就会造成经营现金流表现得很好的假象。这一点，我们在分析现金流量表时要警惕。当然，如果是合并报表，关联公司之间的资金往来会抵销，但是上市公司进行资金筹借时，很多往来公司并不属于关联公司，或者是在股权关系上不属于关联公司，无须并表，这样的资金往来就会在现金流量表中体现。

我们在阅读财报时，要尽可能地掌握更全面的信息，坚持辩证思维，对于数据异常的指标要保持警惕，并深入分析原因，通过将表内与表外的信息互相验证，充分了解真实情况，不要被数据的假象迷惑。

2.3 虚假财报里是否有真相

一旦发现一家公司的财务报表存在故意粉饰、舞弊行为，是否就可以认为这家公司的财务报表完全不可信呢？答案是否定的。实际上，大多数财报虽然存在虚假信息，但仍然能够从中发现企业的部分真实信息。当然，严重造假的情形除外。

实际上，绝大多数上市公司的财务造假，都是部分科目或项目造假，部分业务出现虚假之处、非正常的情况。

因此，我们必须善于验证报表数据的真假。财务报表到底是真是假，其实现场考察是一种很好的验证方式。比如资产负债表列示货币资金1 000万元，我们可以通过查看该公司的开户银行存款余额来验证。再比如账面固定资产金额很大，我们可以了解该公司的机器设备、汽车、房产等的产权归属以及实物情况，以此判断其账面价值是否与实际相符。对于收入的验证，我们可以通过合同、发票，收款凭证、验收单、发货单等各种单据验证。

不要因为对方公司的财务报表存在虚假记载，就完全否定此报表的分析价值。实际上，即使是存在故意造假的财务报表，我们通过报表分析、实地考察、验证账实等方法，仍能够从中发现公司的部分真相。

第 二 部 分

重新认识四张财报之间的
关系及相互影响

这一部分的内容属于财报分析的"认识篇"。深刻认识四张报表之间显性、隐性的关系及相互影响，对于我们解读财报具有极为重要的意义。

企业经营者有三个非常重要的财务管理目标：一是创造足够多的利润，盈利是企业生产发展的必要条件，也是企业最重要的使命；二是控制资产负债结构，将企业的资产与负债比例保持在适度的范围之内，避免企业流动性过差、杠杆风险过高的问题；三是获得现金流，企业经营必须创造现金流，没有足够的现金流，企业运转就会出现问题。四张财务报表对应不同的财务目标，利润表对应经营业绩，资产负债表与所有者权益变动表对应企业的财务状况，现金流量表对应企业的现金流状况。

资产负债表及所有者权益变动表是企业财务实力的展现，利润表是企业经营能力的表现，现金流量表是企业经营质量的体现。资产负债表反映的是企业投入的情况，利润表反映的是产出的情况，现金流量表是产出质量的体现。资产负债表与所有者权益变动表都属于企业存量信息，利润表和现金流量表属于流量信息。

第 3 章

从三个不同角度理解报表的内涵

角度不同，财报的内涵也不同。我们分别从实力与能力、投入与产出、存量与流量三个角度解读财报的内涵，让大家对财务报表有完全不一样的认识。

资产负债表、利润表和现金流量表都具有丰富的财务内涵，如果解读的角度不同，对报表的理解就不一样。假如从财务能力的角度看，资产负债表是实力，展示企业的资源结构及权益归属；利润表反映企业的经营能力，展示企业在一定期间的经营效益状况；现金流量表反映企业的钱从哪里来，花在什么地方，表明企业资金流转是否达到企业预期的质量。假如从投入产出角度解读，那么资产负债表反映企业的（资金与资源）投入，利润表是产出，现金流量表则反映产出的质量。假如从存量与流量角度解读，那么资产负债表属于存量信息，利润表和现金流量表属于流量信息。

特别说明，之所以没有单独解读所有者权益变动表，是因为该表是资产负债表中"所有者权益"的放大，其功能和资产负债表是一致的，理解了资产负债表也就读懂了所有者权益变动表。

3.1　实力、能力与质量

我们可以从实力、能力与质量三方面解读三张报表（见图 3-1），资产负债表反映企业的财务实力，利润表反映企业的经营能力，现金流量表反映企业的经营质量。

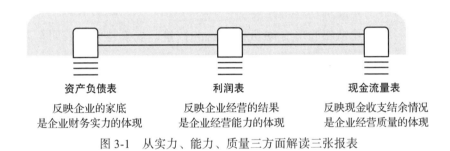

资产负债表	利润表	现金流量表
反映企业的家底 是企业财务实力的体现	反映企业经营的结果 是企业经营能力的体现	反映现金收支结余情况 是企业经营质量的体现

图 3-1　从实力、能力、质量三方面解读三张报表

3.1.1　资产负债表反映企业的家底，是企业财务实力的体现

我们可以从四个方面理解资产负债表怎样反映企业的财务实力。

第一，从整体上看，资产负债表反映了企业的价值，即以历史成本计价的账面价值。所有者权益反映企业资产扣除负债之后的净资产，负债一方面反映公司的财务风险，另一方面反映企业的信用能力。

所以说，一句话理解资产负债表就是：我手里有多少资源（资产），我拥有多大的负债（信用）能力，我的自有资产（所有者权益）有多少，这些都是我的"实力证明"。

第二，从资产来看，"总资产"反映企业从成立以来积累了多大规模的资产，具体来说就是账面积累了多少钱（货币资金），拥有多少应收但尚未收回的货款（应收账款与应收票据）、借出去的钱（其他应收款）以及提前支付给供应商的钱（预付账款），为生产备了多少存货，购置了多少固定资产，对外投资了多少钱，等等。

资产负债表中的"资产"就是企业拥有的资金或财产，资产越多，企业的实力越强。

第三，从负债来看，负债是企业欠别人的钱，看起来好像不是什么好事，其实对于现代经营来说，负债是必不可少的，负债规模的大小，从侧面反映了企业信用能力的强弱。具体来看，从"短期借款"科目我们可以看出企业从银行等金融机构贷款的数量，规模越大，表明金融机构对该企业的信用能力评价越高，授信额度越大；从"应付账款"科目可以看出企业欠供应商资金量的大小，金额越大，表明企业在供应商心中的信誉度越高，企业在采购方面的议价能力越强，如果没有实力和信誉，供应商不会给企业过多的赊销额度及账期；"应付职工薪酬"科目反映企业每月给员工发放的工资、五险一金、福利的金额大小，金额越大，表明企业的工资待遇越好或者公司的人员数量越多，侧面反映企业的规模与实力；"应交税费"科目反映企业短期应当缴纳的各种税费，金额越大，表明公司应纳税额越大，也证明企业经营业务的开展情况越好。

所以，如果从实力角度理解负债，那么负债是企业信用好、实力强的表现。当然负债越高，风险也会越大。从财务管理的角度看，负债并非越高越好，必须结合企业的经营状况、财务状况管理好负债，控制好财务风险。

第四，从所有者权益来看，所有者权益就是净资产。净资产就是股东实际投资了多少钱（实收资本），计提了多少盈余公积，从成立以来累积了多少未分配利润，通过资本增值或者其他渠道累积了多少资本公积。

净资产反映的是在不考虑负债资本的情况下，企业的自有资本实力有多大。

因此，可以说，资产负债表从资产、负债、所有者权益的角度反映了企业的实力，但是，需要强调的是，这仅仅是企业账面的实力，账面的实力是依据历史成本数据编制的，不一定完全反映企业当前的市场价值。

3.1.2　利润表反映经营的结果，是企业经营能力的体现

利润表是反映一定期间企业经营成果的报表，它反映了企业经营能力的强弱、企业经营状况的好坏。

我们可以从三个方面来解读利润表。

第一，从收入的角度看。营业收入，当然最重要的是主营业务的收入，营业收入的多少实质上是企业战略定位、产品策略、营销策略与能力、市场竞争力等诸多能力强弱的体现。销售是企业的龙头，是企业发展的引擎，销售能力强，销售业务做得好，销售收入规模大，证明企业综合经营能力比较强。

收入规模的大小，是企业经营能力非常重要的体现。通过收入增长速度的快慢，可以看出企业的战略定位是否准确，市场销售策略是否正确。收入增长速度快，表明企业的战略定位准确，营销策略符合市场需求；营销能力强，经营水平高，表明了企业处于何种发展阶段。如果增速快，企业可能处于成长期；如果增速低，企业可能处于成熟期；如果增速下滑，企业可能处于衰退期。

由此可以得出，销售收入是展现企业经营能力、经营活力、业务竞争力最重要的财务指标。我们可以从各种反映企业经营能力、发展能力、盈利能力指标的计算中看出，销售收入这个指标是不可或缺的。

第二，从利润的角度看。利润反映企业赚不赚钱，反映企业经营的结果怎么样，当然也反映企业经营的能力怎么样。如果利润是正值，表明企业盈利，盈利表明企业经营的结果比较好，企业经营的能力强；如果利润是负值，表明企业亏损，亏损表明企业经营的结果差，企业经营的能力自然就不强。当然，仅凭盈利和亏损就断定企业经营能力的强弱失之偏颇，我们还要深入分析盈利是否具有持续性，亏损是暂时的还是长期的，深入分析之后才能对企业的经营能力强弱给出更客观的评价。

正常情况下，一家企业经营能力的强弱是可以通过利润以及利润率的指标反映出来的。

第三，从期间费用的角度看。一方面可以看出企业花钱的多少，另一方面可以看出企业的费用控制能力的大小，费用控制能力也是经营能力的表现。假如企业的期间费用占收入的比重常年低于同类公司，也低于行业平均水平，那么我们认为这样的企业费用控制能力较强。

需要说明一点，在会计术语中，期间费用包括管理费用、销售费用和财务费用，但现在的新版利润表中，一般把研发费用单独列示，我们这里的期间费用包含研发费用科目。

当然，在分析期间费用时，还必须按明细分析，比如管理费用、销售费用、财务费用的性质和支出目的是不同的，所以它们占收入的比重以及增减变动的意义也是不一样的。管理费用占收入的比重高，表明企业的管理人员多，管理活动支出较多；销售费用占收入比重高，表明企业重视营销活动的投入；财务费用占收入比重高，多数原因是利息支出较高，表明企业债务融资较多，企业的杠杆风险高；研发费用占比高，表明公司重视产品创新，重视新产品、新技术、新工艺的投入。

因此，我们不仅可以从期间费用看出企业的经营管理特点及管理倾向性，也可以看出企业对费用的控制能力，进而看出企业经营的能力。

　　由此可见，利润表中的营业收入、利润和期间费用都从不同角度反映了企业经营的能力。

3.1.3　现金流量表反映现金收支结余情况，是企业经营质量的体现

　　现金流量表是按照收付实现制编制的，是反映企业一定会计期间内现金来源及运用情况的报表。我们通过现金流量表可以评价企业经营效益的质量，以及企业资金来源渠道是否合理。

　　收入与利润是企业经营的成果，但这个成果的质量如何要通过现金流来检验，只有能够及时转化为现金的收入和利润，才是高质量的经营成果，反之，就是低质量的经营成果。

　　第一，我们通过现金流量表可以检验企业经营效益的质量。

　　我们通过现金流量表可以看出，企业的销售收入是否及时收到销售回款，企业的经营利润是否及时转化为现金。如果企业的销售收入不能及时回款，企业的利润不能有效转化为现金，那么这样的经济效益就是"虚假繁荣"。企业的收入、利润能够顺利转化为现金流入时，才是高质量的经营效益。

　　第二，通过现金流量表也可以看出企业现金的来源渠道是否正常。通常情况下，只有当企业的现金主要来源于经营活动时，这样的企业经营活动才是正常的，企业的现金流才是健康的。假如企业的现金主要是靠投资活动、筹资活动带来的，那么企业的现金流是难以持续的，是不稳定的，也是不健康的。

　　第三，通过现金流量表可以看出企业投资活动创造的现金的质量。企业投资是为了获取利润，如果利润表中的"投资收益"不能变现，那么投资收益的质量也是不可靠的，所以通过现金流量表中的"取得投资收益收到的现金"科目可以看出"投资收益"变现的能力。

总体上看，现金流量表可以反映企业经营成果的质量、投资收益的质量。

3.2 投入与产出

从投入和产出的角度理解财务报表，资产负债表反映的是企业"投入"的情况，利润表和现金流量表反映的都是企业"产出"的情况，现金流量表也可以反映"产出质量"，如图 3-2 所示。

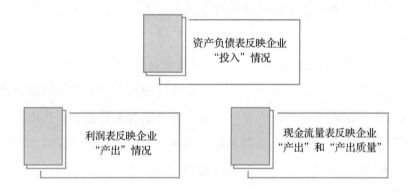

图 3-2 从投入与产出的角度理解三张报表

3.2.1 资产负债表反映企业"投入"情况

资产负债表的"资产"，可以理解为"资金的运用"，企业管理者将企业的资金（负债是债务资金，所有者权益是权益资金）运用到某个地方，实际上就是一种"投入"行为。

如果企业的固定资产和在建工程所占比重很高，就表明企业在重资产方面的投入大，企业属于重资产企业；如果企业的重资产很少，所占比重很低，就说明企业属于轻资产企业。

假如企业的长期股权投资比重很大，表明企业对外股权的投入较高；假如企业的存货占比较高，有可能是企业的产品滞销，或者存货周转效率低下、存货积压严重，也有可能是企业为季节性旺季或重大购物节（比如每年的电商"双 11"）提前备货。应收账款占比较高，也不一定是企业的应收账款管理不善，资金回笼慢，有可能是企业销售规模突增，在销售收入大增的情况下应收账款水涨船高，也从侧面表明企业在客户方面的投入大。

假如企业的固定资产、在建工程都属于生产手机的设备、厂房，存货均为手机配件，表明企业投入的领域就是手机行业，经营的产品就是手机；假如企业的固定资产是生产家用轿车的生产设备，存货都是与轿车相关的零配件，表明企业投入的领域是家用轿车行业。手机和轿车的发展方向完全不同，其能获取的利润也完全处于不同的水平。所以，从这个角度看，企业的"投入端"决定了"产出端"的水平。

通过资产负债表中"资产"的列示，我们不仅知道企业都拥有什么资产，而且可以看出企业把资金都"投入"在什么地方，同时，企业资金"投入"的领域，也反映了企业的战略定位、经营策略，以及企业的经营特点（重资产还是轻资产）。所以，资产负债表能够反映企业资金"投入"的领域。

3.2.2 利润表反映企业"产出"情况

利润表反映企业"产出"的结果，营业收入是经营的"毛产出"，净利润是企业效益的"净产出"。

当然利润表中的"产出"不仅仅是经营活动的产出，还包括投资活动的"产出"。资产负债表中的交易性金融资产、长期债权投资、长期股权投资等科目，实际上核算的都是企业的投资行为，这些投资的结果如何，都能从利润表中的投资收益、公允价值变动损益等对应科目中反映出来。简单来说，利润表中的投资收益、公允价值变动损益科目反映了资产负债表中投资行为的产出情况。

企业投资了什么业务，进入了什么行业，在一定程度上决定了企业的盈利空间。而利润表的数据能看出企业"产出"的结果如何，如果收入高，利润多，利润率高，就表明企业经营的效益好，"产出"水平高。反之，就是企业"产出"水平低。

因此，企业利润表的"产出"情况，从根本上说在资产负债表的"投入"时就已经定下了基调，企业利润表中"产出"的高低与资产负债表中"投入"的领域息息相关。

3.2.3　现金流量表反映企业"产出"和"产出质量"

现金流量表可以从两个方面反映"产出"：一是现金流也是一种"产出"，即企业资源"投入"的结果"产出"了多少现金流；二是现金流能够检验"产出质量"，即通过现金流检验收入和利润产出的质量如何。

首先，我们来解读现金流也是一种"产出"。

收入和利润是从经营效益角度理解的"产出"，我们可以把现金流理解为，它是从资金流转角度的一种"产出"。企业通过资金或资源的投入，获得多少净现金流量，获得多少经营活动净现金流量，这本身也是一种"产出"结果。如果企业全部净现金流量为正值，出现现金富余，表明企业现金收入超过现金支出，企业现金流的"产出"状况良好；如果为负值，则表明企业现金流的"产出"状况较差。同样，如果企业经营活动创造的现金净流量为正值，表明企业经营活动现金流的"产出"结果良好；如果为负值，表明企业经营活动的"产出"结果较差。

所以说，现金流量表是从现金流的角度反映企业的"产出"结果。

其次，现金流量表反映"产出质量"。

利润表反映的是企业产出水平的高低，产出水平体现在销售收入、利润的指标上。假如产出水平高，但是销售收入和利润并不能及时变现，回笼资金，那么这样的产出质量是不高的。所以，通过现金流量表可以检验企业经营的"产出质量"。另外，现金流量表不仅能反映企业经营活动的"产出"情况，也能反映投资活动（股权投资、交易性金融资产投资等）的"产出质量"。假如企业的股权投资、交易性金融资产等方面的投资均能够获得较高的投资收益，而且这些投资收益都能够及时回笼现金，则表明企业的投资产出的质量高。这一点与 3.1.3 中现金流量表反映企业经营质量的内容是一致的。

3.3　存量与流量

从存量信息和流量信息的角度理解，资产负债表反映企业的存量信息，利润表和现金流量表均反映企业的流量信息（见图 3-3）。

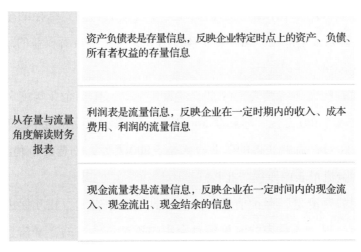

图 3-3　从存量与流量角度解读财务报表

什么是存量？什么是流量？

所谓存量，是指某一特定时点上，过去生产与积累起来的产品、货物、储备、资产负债的结存数量。所谓流量，是指一段时间内发生的某种经济变量变动的数值。存量是在某一时点上测度的，其大小没有时间维度，而流量是在一定的时期内测度的，其大小有时间维度。

存量分析和流量分析是经济学中的分析方法。存量分析就是对某一时点上已有的经济总量的数值及其对其他经济变量的影响进行分析；流量分析则是对一定时期内有关经济总量的变动及其对其他经济总量的影响进行分析。我们同样可以利用存量分析和流量分析的思路来解读财务报表。

资产负债表反映企业的存量信息，是指在某一时点上企业的资产、负债、所有者权益的结存数量。比如，年度资产负债表列示货币资金100万元，就表示在当年度最后一天这个时点，企业账面结存的货币资金是100万元；假如资产余额是1 000万元，负债余额是400万元，所有者权益余额是600万元，就表示企业在本年度最后一天，结存的全部资产是1 000万元，全部负债结存量是400万元，全部所有者权益的结存量是600万元。

利润表和现金流量表反映企业的流量信息，比如企业年度利润表显示营业收入5 000万元、净利润500万元，就表示企业在当年的1月1日至12月31日，总共获得的营业收入是5 000万元，创造的净利润是500万元。现金流量表的原理与此相同。

我们需要清楚，存量信息和流量信息是互相影响、相互促进的。比如利润表、现金流量表的流量信息会影响资产负债表的存量信息，反过来，资产负债表的存量信息也会影响利润表和现金流量表的流量信息。

3.3.1　如何理解资产负债表是存量信息，利润表与现金流量表是流量信息

我们以个人资产负债表和利润表为例来解读存量和流量的含义。

◎ 案例 3-1

张先生个人财产的"存量信息"与"流量信息"解读

张先生想盘点自己几十年来努力工作的成果，究竟积累了多少家产，于是他编制了自己的资产负债表和利润表，如表 3-1 和表 3-2 所示。

表 3-1　资产负债表

编制单位：张先生　　　　　　2021 年 12 月 31 日　　　　　　单位：万元

资产	期末余额	指标说明	负债和所有者权益	期末余额	指标说明
流动资产：			流动负债：		
货币资金	5	银行里存款	短期借款	310	房贷300+车贷10
交易性金融资产	15	购买理财产品	应付账款		
应收账款			应交税费		
其他应收款			其他应付款		
存货			流动负债合计	310	
流动资产合计	20		非流动负债：		
非流动资产：			长期借款		
固定资产	420	房子 400+ 车子 20	非流动负债合计		
无形资产			负债合计	310	
非流动资产合计	440		所有者权益（即净资产）合计	130	
资产总计	440		负债与所有者权益总计	440	

表 3-2　利润表

编制单位：张先生　　　　　　　　　　2021 年　　　　　　　　　　单位：万元

项目	本年累计	说明
一、营业收入	**30.00**	全部工资收入
减：营业成本		
税金及附加		
销售费用		
管理费用	14.00	吃穿住用等消费支出
财务费用	16.00	车贷、房贷利息支出
资产减值损失		
加：投资收益（损失以"–"填列）	1.00	理财产品收益
二、营业利润（亏损以"—"号填列）	**1.00**	
加：营业外收入		
减：营业外支出		
其中：非流动资产处置损失		
三、利润总额（亏损总额以"—"号填列）	**1.00**	
减：所得税费用		
四、净利润（净亏损以"—"号填列）	**1.00**	

注：由于个人利润表和现金流量表基本是同步的，所以不再编制个人现金流量表。

从张先生的个人资产负债表可以看出张先生个人财产的"存量"信息，简单来说，截至 2021 年 12 月 31 日，张先生已经创造的个人总资产共计 440 万元，其中银行活期存款 5 万元，购买的理财产品 15 万元，房产价值 400 万元，车辆价值 20 万元。张先生的存量资产看似很不错，但是我们再看张先生的负债情况，张先生的房贷与车贷合计高达 310 万元，也就是说压在他头上的贷款高达 310 万元，资产负债率高达 70.45%，债务负担较为沉重。

从张先生的资产负债表可以很清晰地看出他的资产存量为 440 万元，负债存量是 310 万元，净资产存量为 130 万元。

我们再来看张先生的"流量"信息——利润表。

从利润表可以看出，张先生一年的工资收入 30 万元，吃穿住用等日常消费一年 14 万元，每年的银行利息支出 16 万元，理财收益 1 万元，净利润为 1 万元。从利润表的收支情况看，尽管张先生的年收入已经不低，但是庞大的利息支出，导致其一年的利润仅为 1 万元，资金支出稍微放宽，就会导致当年亏损。

利润表就是张先生的个人财务收支的流量信息。从流量信息可以看出，正是由于存量信息中的短期借款比较高，加大了他的财务杠杆，增加了利息支出，从而导致利润表的"流量信息"中利润的微薄。这就是存量信息影响流量信息的简单、直观的验证。

总结： 存量和流量从两个不同的侧面展示企业的财务信息和经营信息。资产负债表以存量信息的形式告诉我们，当前结存多少资源（资产、负债、所有者权益）；利润表和现金流量表以流量信息的形式告诉我们，这一段时间内企业经营取得了什么成果（获得了多少收入、花了多少成本费用、赚取了多少利润），现金流的收支结余情况怎么样。

存量信息和流量信息的展示方式不同，但是对于企业经营管理来说都非常重要。通过存量信息，即资产负债表的时点信息，我们可以分析企业当前的资产构成是否合理，资本结构是否失衡，债务风险是否过高，企业当前拥有的资产、资源、资本是否满足未来发展需要，是否需要调整和优化。流量信息，即利润表、现金流量表的信息，可以帮助我们看到一定时期内企业的经营过程、经营动态。通过流量信息，我们可以分析企业在一定时期内的经营效果怎么样，是否达到了预期，存在哪些问题，下一步优化的重点在哪里。

3.3.2　存量的变动影响流量，流量的变动反过来影响存量

资产负债表、利润表、现金流量表之间的关系本质上就是存量和流

量之间的各种关系。

资产负债表中如果有息负债较多，那么其利息支出自然增加，这就直接导致利润表中"财务费用"的增加，进而导致利润的减少。就像在3.3.1中张先生的例子，张先生的银行贷款直接给他的利润表带来巨大压力。所以说，资产负债表的存量信息会给利润表的流量信息带来直接影响。反过来，利润表的营业收入、利润又会对资产负债表中代表存量信息的货币资金、应收账款、应收票据、未分配利润带来直接或间接的影响。同样地，资产负债表的短期借款会对现金流量表的筹资活动产生直接影响，而现金流量表对资产负债表中的货币资金产生最直接的影响。所以说，流量信息也会影响存量信息。

总体来说，资产负债表、利润表、现金流量表之间，存在直接或者间接的关系，三张报表之间也会相互作用、相互影响、密切联动。

第 4 章

资产负债表与利润表
犬牙交错，相互影响

资产负债表与利润表之间的关系极为紧密，可以说是犬牙交错，而且资产负债表的科目与利润表的科目相互影响。

我们了解资产负债表与利润表的关系，目的是认识到企业的资本结构能够影响企业的盈利能力，反过来盈利能力也会改变资产负债结构。理解这一层关系，对于我们进行财务管理具有重要意义。

4.1　一个会计方程式串起资产负债表与利润表

如果从经营损益角度来看，资产负债表反映的是企业产生经营损益后的结果，即资产、负债、所有者权益的构成情况，而利润表反映的是企业经营损益产生的过程及损益金额的多少。

资产负债表的会计恒等式：

$$资产 = 负债 + 所有者权益$$

利润表的会计等式：

$$收入 - 成本费用 = 利润$$

根据会计报表编制规则，利润表产生的当期利润需要全部结转进入资产负债表的所有者权益，通过"未分配利润"核算，由此，我们就可以用一个综合的会计方程式把资产负债表和利润表串联起来，这个**会计方程式**就是：

$$资产 = 负债 + 所有者权益 + 当期净利润（亏损为负值）$$

在这个会计方程式中，我们可以看到，"资产""负债""所有者权益"均为资产负债表项目，而"当期净利润"即利润表中的"净利润"，净利润会在期末全部转入资产负债表中的"未分配利润"项目。未分配利润与实收资本、资本公积一样被视作企业的自有资金，是企业留存收益的一部分，并最终为资产的增加带来源源不断的动力。

我们从这个会计方程式可以看出，利润表最终的结果"净利润"，最终会成为资产负债表中所有者权益的一部分，所以这两个表存在不可分割的关联性。

4.2　资产负债表科目与利润表科目的关联性

资产负债表中的很多科目与利润表中的科目有关联性，有一部分是直接关联，还有一部分是间接关联。接下来我们对二者之间最主要的关联进行解读。

1. 货币资金、应收票据、应收账款对应营业收入

利润表中的营业收入与资产负债表中的货币资金、应收票据、应收

账款相对应，假如是通过现金销售，营业收入对应货币资金（包括银行存款、库存现金及其他货币资金）；假如是通过承兑汇票（银行承兑汇票或商业承兑汇票）方式进行交易，那么营业收入对应的是应收票据；假如是赊销，销售完成后暂未收到货款，那么营业收入对应的是应收账款。在实务中，赊销是最为常见的销售方式，所以企业的资产负债表中应收账款通常比较多。

2. 存货对应营业成本

利润表中的营业成本对应资产负债表中的存货科目。存货包含原材料、半成品、库存商品等，而库存商品销售出去的部分经过结转才形成营业成本，未销售出去的部分仍留存在存货里。存货与营业成本的关系如图 4-1 所示。

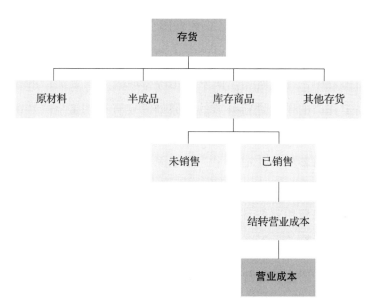

图 4-1　存货与营业成本的关系

在会计处理上，存货的购进通常对应的是应付账款科目，应付账款是购进存货暂时未支付款项的负债，所以应付账款实际上与营业成本间接相关。当然，应付账款核算的内容不仅包含存货，还包含其他属于非存货购进的采购未付款项。

3. 交易性金融资产、长期股权投资对应投资收益

利润表中的投资收益与资产负债表中的交易性金融资产、长期股权投资直接相关。交易性金融资产属于短期投资范畴，长期股权投资属于长期投资范畴，二者都属于对外投资，投资所产生的收益与损失均通过投资收益科目来核算。企业将资金、资源投入了什么产品，投资了什么项目，投向了什么领域，基本决定了投资风险的大小、投资收益的高低。

投资收益对应的科目不仅限于交易性金融资产、长期股权投资，还包括债权投资、投资性房地产、衍生金融资产等。

4. 固定资产对应营业成本、销售费用、管理费用、研发费用等

资产负债表的固定资产科目所对应的利润表科目比较多，包括营业成本、销售费用、管理费用、研发费用等，原因是固定资产的折旧费用是按照固定资产的用途进行分摊的。假如固定资产用于生产产品，比如生产产品的机器设备，那么此类固定资产的折旧费用就要分摊到生产成本中，最终会结转到营业成本里；假如固定资产为管理人员所使用，那么固定资产的折旧费用要计入管理费用；假如固定资产为销售部门所使用，那么其折旧费用就要计入销售费用；假如固定资产属于研发用的检测仪器、实验设备，那么此类固定资产就要计入研发费用。

5. 无形资产对应管理费用、研发费用等

无形资产按照其用途进行摊销，通常计入管理费用、研发费用，当然也有部分属于生产用的无形资产，需要计入生产成本或制造费用，最

终结转至营业成本。还有一部分对外出租的无形资产，相对应的无形资产摊销计入其他业务成本。

6. 应付职工薪酬对应期间费用与营业成本

资产负债表中的应付职工薪酬与利润表中的管理费用、销售费用、研发费用、营业成本相对应。应付职工薪酬按照费用的性质计入相对应的损益类科目：职工薪酬如果属于生产人员，则计入生产成本或制造费用，最终会结转至营业成本；属于管理人员则计入管理费用；属于销售人员则计入销售费用；属于研发人员则计入研发费用。

7. 应交税费对应税金及附加、所得税费用

应交税费是按照税法规定计提的应缴纳的各种税费。企业经营活动发生的消费税、城市维护建设税、资源税、教育费附加及房产税、土地使用税、车船使用税、印花税等相关税费均通过"税金及附加"核算，贷方科目即"应交税费"。

企业所得税的计提也是通过应交税费科目，所以所得税费用与应交税费相关。

但是增值税不通过"税金及附加"科目核算，增值税不在利润表中体现。

8. 短期借款、长期借款对应财务费用

短期借款、长期借款科目发生的利息支出，除了需要资本化的部分，通常计入财务费用。如果短期借款、长期借款的利息支出资本化，那么形成的资产（固定资产或无形资产）在折旧或摊销时仍然会以营业成本或期间费用的形式进入利润表，所以长、短期借款的利息最终都与利润表有关。

9. 未分配利润、盈余公积对应净利润

未分配利润来源于净利润的累积，这也是利润表与资产负债表最直接、最重要的联系，也就是说利润表创造的所有净利润，最终都会进入资产负债表，以所有者权益的形式列示。

盈余公积是从未分配利润中计提出来的，本质上也属于未分配利润。在财务管理上，盈余公积与未分配利润合称为留存收益。留存收益本质上就是利润表中净利润的累积。

我们在本节把资产负债表科目与利润表科目之间的关系进行了全盘梳理，事实上这两个报表中不仅仅是前述科目有关，我们只是选取了最常见的一些科目进行了对比。资产负债表与利润表之间的关系是非常紧密的，而且二者之间的相互影响力是很大的，我们会在后面的章节做更深入的分析。

4.3　固定资产与在建工程怎样影响利润

固定资产与在建工程可以在两个方面对企业的利润产生影响。

第一，固定资产通过折旧费用逐月计入利润表，影响企业经营的利润。在建工程在完工转固定资产之后，同样会以折旧费用的形式影响经营利润。

第二，在资金占用方面，固定资产与在建工程对公司经营业绩的影响较大。重大的固定资产（如机器设备等）和重大的在建工程，都会占用公司大量的资金。假如机器设备不能有效地生产产品，将直接影响公司的产品生产，影响公司的销售收入。在建工程投入实际上比固定资产投入的风险更高，因为在建工程还存在能否完工以及完工后能否达到预期效果的问题，一旦在建工程建设失败，那么巨大的资金投入对企业的打

击是较大的。

我们通过一个案例，说明固定资产是怎样影响企业经营的。

📍 案例 4-1

固定资产管理不善直接拖垮一家企业

2005 年铁精粉市场行情较好，价格持续走高，从事钢材生意的王老板看到商机，就收购了一家生产铁精粉的选矿厂。这家选矿厂原本有两台磁选机设备，但是这两台设备都属于老旧设备，经常出现问题。有人建议王老板将旧设备淘汰，换成全新设备，王老板为了节省投资成本，就没有换新设备，而是让维修工人做了一次大修。

设备大修之后正式开工投产。头几个月机器运转还算正常，但是半年之后，两台磁选机设备开始频繁"罢工"，各种零部件的毛病层出不穷，虽然不断地把机器里的旧零件换成新的，但是新零件在磨合过程中又会产生新的毛病。再加上选矿厂的维修师傅都是半路出家，缺乏专业的磁选机维修技术，所以机器一旦出问题，就停工维修十天半个月。

最后，一年过去了，虽然铁精粉的价格翻了数倍，外部形势一片大好，但这家选矿厂亏损严重，资金链断裂，破产了。

从这个案例我们可以看出，决定这家选矿企业生死的居然是这两台磁选机设备，就是企业的固定资产——两台无法正常运转、无法持续生产铁精粉的机器，最终错失了绝佳的投资机会。当然，最根本的原因是王老板最初没有正确评估两台旧设备的使用价值，没有更换新设备，这一错误的决策，埋下了失败的隐患。当然，王老板没有聘请专业技术水平过硬的维修工程师，也是一个重要失误，导致后来的维修不力。因此，在企业决策中，对于决定企业生死的关键因素，必须充分重视，舍得投入，无论机器设备还是优秀的人才。

4.4   长期股权投资未必创造利润

长期股权投资在资产负债表中属于非流动资产，正常来说，长期股权投资的对象会产生盈利或亏损，从而影响利润表中的净利润。实际上，有很多长期股权投资只是控股股东转移资金的工具，并非真正意义上的长期投资。

2019 年，证监会发布了《会计监管风险提示第 9 号——上市公司控股股东资金占用及其审计》，矛头直指上市公司控股股东通过各种违规操作，占用上市公司资金的行为，其中就包括通过长期投资转移上市公司资金。具体违规操作包括：通过向控股股东实际控制的主体进行投资以转移资金，如投资多层的有限合伙企业；进行权益性投资的同时提供大额的债权性投资；支付较长期限的投资预付款、意向金、保证金但未履行后续投资手续等。

一旦长期股权投资被当作股东转移资金的工具，就失去了其自身的真正价值，与其他应收款一样，只不过是通过更隐蔽的方式，把公司的资金以对外投资的形式转移出去，所以这样的长期股权投资根本就不可能创造任何利润。

4.5   有息负债的高低不仅影响财务杠杆而且影响盈利能力

有息负债是指企业负债中需要支付利息的债务。一般情况下，"短期借款""长期借款""应付债券""一年内到期的非流动负债"等科目都属于有息负债。

有息负债属于负债，存在利息费用，当然会影响企业的财务杠杆。负债越多，负债率越高，企业的财务杠杆就越大。财务杠杆越大，当企业的投资利润率大于企业的负债利息率时，在杠杆的作用下企业获得的额外收益就会更大，反之，当投资利润率小于企业的负债利息率时，在杠杆的作用下，企业承担的额外损失会更大。也就是说，财务杠杆放大了企业经营收益与损失的波动空间，带来了更大的不确定性，这种不确定性就是风险（见图 4-2）。

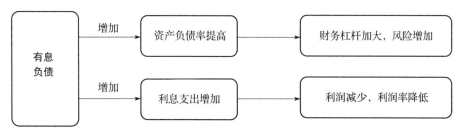

图 4-2　有息负债增加对财务杠杆与利润率的影响

因此，我们认为，资产负债表中的有息负债从两个方面影响企业的盈利能力：一是利息费用，利息费用增加了企业的财务费用，降低了企业的营业利润，自然影响企业的盈利能力；二是有息负债放大了企业的财务杠杆，提高了财务风险，加大了企业盈利波动的风险。所以在分析企业的财务风险时，除了要看资产负债率的高低，还要重点考查有息负债在总负债中的比重，有息负债通常比无息负债的风险更大。

4.6　资产负债表与利润表如何相互影响

关于资产负债表与利润表之间是怎样互相影响的问题，我们在第 3 章以及第 4 章均有涉及，本节结合之前的分析，从整体上做一个归纳与总结。

资产负债表与利润表之间是相互作用、相互影响的，利润表中的"净利润"变动会影响资产负债表中"未分配利润""所有者权益""资产"

等项目，而资产负债表中资产负债结构的变动会影响财务杠杆，进而影响利润表中的"财务费用"，最终影响利润表的结果即"净利润"，如图 4-3 所示。

图 4-3 资产负债表与利润表之间关系图解

4.6.1 资产负债表对利润表的影响

1. 资产负债表中资金的运用水平决定了利润表的产出能力

从资产负债表的内容看，我们可以把资产负债表的右列，即"负债和所有者权益"这一列，看作企业的资金来源，负债来源于外部的债务资金，所有者权益来源于内部积累的权益资金。而资产负债表的左列，即"资产"，可以看作资金的运用。这样一来，我们就可以把资产负债表理解为，企业全部的资金（债务资金与权益资金）是怎样运用的，投入了什么地方。固定资产就是企业把钱投入机器设备、厂房等重资产方面；长期股权投资就是企业把资金投入参股、控股等并购重组方面；存货是企业把钱投入原材料采购、产品备货内部产品方面；应收账款是企业把钱暂时投向客户，等等。简单理解就是，企业拥有哪一类资产，就说明企业把资金投入了哪里。

资产负债表的负债端反映企业的资金筹措能力（债务融资、股权融资或自我积累），资产端反映企业的资金运用能力。而资金运用能力在一定程度上，决定了利润表的产出水平。如果企业的资金运用得较为得当，资金投入的领域均取得了成效，创造了效益，那么企业获得的利润就会增加，企业的盈利能力就会增强。相反，假如企业的资金运用不当，资金投入了没有产生效益的领域，占用资金的相关资产均为无效资产，利润表中的利润就会减少，企业的盈利能力就会减弱。通俗理解就是，企业在资产负债表中种了什么"瓜"，就会从利润表中得到什么"豆"。

2. 资产负债结构影响利润表的利润及企业的盈利能力

我们这里的资产负债结构，是指负债和所有者权益所占总资产的比例关系。如果负债占总资产的比重高于所有者权益占总资产的比重，就说明企业是以负债资金为主进行经营，反之就是以自有资金为主进行企业经营。

负债包含有息负债和无息负债，有息负债由于存在利息费用，自然影响利润表的利润，而且有息负债通过杠杆原理放大企业盈利的波动风险，这一点在前面已有论述，不再赘述。无息负债虽然没有利息费用，不会对利润表产生直接影响，但是如果无息负债过度增加，同样会拉高资产负债率，增加企业财务风险，不但会增加如应付账款的供应商以及其他债权人集中索债带来的资金挤兑风险，而且会增加企业后续再融资的难度，还会增加再融资的资金成本，而资金成本的增加又会影响利润表中的财务费用与利润水平。所以说，无息负债并非与利润表毫无关系，同样会间接影响利润表。

资产负债率会对企业的盈利能力产生影响，这一点我们可以从杜邦分析法的公式中看出。杜邦分析法公式为

净资产收益率 = 销售净利率 × 资产周转率 × 权益乘数

此公式中的权益乘数的计算公式为

$$权益乘数 = \frac{资产总额}{股东权益总额} = \frac{1}{（1-资产负债率）}$$

由权益乘数的公式可以看出，权益乘数实际上就是资产负债率的另一种形式，它与资产负债率的功能是相通的，二者的增长变化是同向的，也就是说权益乘数越高，资产负债率就越高，反之亦然。

从杜邦分析法公式中，我们似乎可以看出，在销售净利率、资产周转率这两个因素不变的情况下，权益乘数越大，净资产收益率越高，但这种理解方式其实不准确，因为在权益乘数提高的同时，资产负债率也在提高，资产负债率提高的同时通常负债也会增加，假如增加的负债中有息负债居多，那么利息费用会随之增加，利息费用的增加导致净利润降低，净利润的降低自然会影响销售净利率的指标水平。这样一来，我们就可以发现，权益乘数的增加也有可能导致销售净利率的下降，关键是要看投资利润率与资金成本孰高，在投资利润率高于资金成本的情况下，负债率越高，在财务杠杆的作用下，企业获得的利润就会越高。

简而言之，资产负债结构尤其是负债所占的比重，能够对利润表的利润以及企业的盈利能力产生影响，这种影响既有积极的也有消极的，适度的有息负债增加，在一定的条件下（比如投资利润率高于资金成本），能够对企业的盈利产生积极的杠杆效应，可以带来额外收益的增加。但是一旦资产负债率过高，即杠杆系数过高，过大的杠杆作用会加大盈利能力的波动幅度，从而增加企业的财务风险。

4.6.2　利润表对资产负债表的影响

我们前面讲过，资产负债表相当于企业的"投入"，而利润表是企业的"产出"，企业将资金"投入"在什么领域，只是在大方向上决定企业的"产出"，企业的"产出水平"并非完全由"投入"决定，更多地取决于企业的经营管理能力。

那么，利润表会对资产负债表产生哪些影响呢？

1. 利润表的经营成果能够带来资产与所有者权益的改变

利润表可以反映企业的经营管理能力，如果企业的经营能力强，管理效果好，就会创造更多的营业收入，花费更少的成本费用，从而获得更多的利润。

企业在创造收入的同时，会带来货币资金、应收账款、应收票据等资产的增加，而企业创造的净利润也会增加资产负债表中的"未分配利润"（亏损则减少）。"未分配利润"本就属于所有者权益的项目，所以利润表中净利润的变化，会直接影响资产负债表中所有者权益的变化。

2. 利润表经营成果可以改变资本结构，并影响财务风险的大小

企业经营能力越强，创造的收入越多、利润越多，则资产负债表中的资产增加越多，权益也会越多。如果资产增加以及与之对应的所有者权益增多，企业的资本结构就会发生良性变化，进而促使所有者权益占资产的比重提高，而资产负债率可能下降，这样的话，企业的债务风险就会降低，财务状况就会随之改善。

反之，企业的经营能力弱，管理效率低，创造的收入少，利润亏损，就会带来资产负债表中所有者权益的减少，可能会降低权益资金在资产中的比重，提高资产负债率，从而增加企业的债务风险，恶化企业的财务状况。

所以说，利润表的经营成果可以改变资本结构，进而影响财务风险。

3. 利用利润表的"产出端"可以反证资产负债表"投入端"的有效性及合理性

我们在 3.2 中介绍过资产负债表与利润表是"投入"与"产出"的关

系，资产负债表是"投入端"，利润表是"产出端"。通过"产出端"经营效益的高低，可以评价"投入端"的有效性及合理性。

我们可以通过各种盈利能力指标评价利润表"产出端"的经营效益，比如销售净利率、净资产收益率、总资产报酬率等。假如这些盈利能力指标的数值很高，表明企业盈利能力强，就说明我们在资产负债表"投入端"的决策是有效的、合理的，比如我们决定生产什么产品、购买什么样的设备、采购什么样的存货，我们对人、财、物的投入，以及我们对客户的选择、市场的定位、战略目标等。假如企业的盈利能力很差，就表明我们的某些决策可能是错误的。

当然，需要特别说明的是，我们提出用利润表"产出端"的效益高低，来反证资产负债表"投入端"的有效性及合理性，只是一条分析思路，并不能说"产出端"效益低就一定是"投入端"不合理造成的，也可能是经营管理能力差所致；反之，企业利润表"产出端"的效益高，不一定能证明资产负债表"投入端"合理或有效，也可能是由于企业的经营管理团队能力强，经营效率高。所以，必须辩证且全面地看待二者之间的相互影响关系。

第 5 章

资产负债表与现金流量表
不仅仅是货币资金与现金流的关系

资产负债表与现金流量表的关系是通过货币资金科目联系在一起的，但这只是直接的关联，实际上资产负债表中很多科目都与现金流量表中的项目密切相关，比如应收账款与"销售商品、提供劳务收到的现金"，存货与"购买商品、接受劳务支付的现金"，固定资产、无形资产与"购建固定资产、无形资产和其他长期资产支付的现金"等。除了这些关系，企业财务战略的改变在影响资产负债表的同时，也会影响现金流量表的收支情况。

5.1　资产负债表与现金流量表的关系

货币资金是连接资产负债表与现金流量表的桥梁，这里的货币资金是指现金及现金等价物。资产负债表中货币资金的期初余额，加上现金流量表中"经营活动产生的现金流量净额""投资活动产生的现金流量净额""筹资活动产生的现金流量净额"，最后得出的结果就是资产负债表中货币资金的期末余额（见图 5-1）。

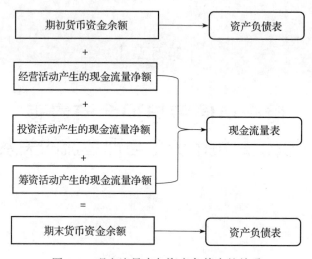

图 5-1   现金流量表与资产负债表的关系

我们从图 5-1 中可以看出，资产负债表中货币资金的期初、期末余额，只是企业货币资金的存量状态，也就是在某一时点企业账面持有的货币资金，而现金流量表展示了在一定期间内现金流形成的过程，也就是现金流的来源。通过现金流量表，我们可以清晰地看出企业的现金是来自经营活动、投资活动还是筹资活动。

5.2   通过现金流量表检验货币资金的质量

资产负债表里的"货币资金"科目，用来核算企业的银行存款、库存现金和其他货币资金。货币资金就是企业的真金白银，怎么检验货币资金的质量呢？

我们主要通过现金流量表分析货币资金的来源，如果企业的货币资金主要是由经营活动创造的，那么这样的货币资金质量比较好；如果企业货币资金主要是通过投资活动创造的，这样的货币资金的"含金量"就偏低，因为投资活动创造的现金流量不可持续；如果企业的货币资金主要是通过筹资活动带来的，那么这样的货币资金质量就比较差，因为筹借来的资金是要还本付息的，未来偿付压力比较大，筹资活动产生的现金流也是难以持续的。

那么，具体的检验方法是什么呢？

答案是，看企业的现金净流量（即现金流量表中"现金及现金等价物净增加额"项目）中经营、投资、筹资三大类现金净流量占的比重大小，通过三者的比重大小判断企业的现金来源靠什么。

如果经营活动产生的现金流量净额占全部现金净流量的比重最大，就表明企业当年的现金来源主要是由经营活动创造的；如果筹资活动产生的现金净流量占全部净现金流量的比重最大，就表明企业当期主要是靠借钱经营。

由于一年的数据往往不能全面反映真实情况，所以最好分析三年以上的数据。

下面，我们通过一个案例介绍怎样通过现金流来源验证货币资金的质量。

⊙ 案例 5-1

青岛啤酒货币资金质量分析

青岛啤酒股份有限公司（以下简称"青岛啤酒"）2018～2020年的现金流数据如表 5-1 所示。

表 5-1 2018 ～ 2020 年青岛啤酒现金流结构

项目	2020 年		2019 年		2018 年	
	金额(亿元)	占比	金额(亿元)	占比	金额(亿元)	占比
经营活动产生的现金流量净额	49.53	160.50%	40.17	138.33%	39.92	156.49%
投资活动产生的现金流量净额	−14.88	−48.22%	−3.48	−11.98%	−8.17	−32.03%
筹资活动产生的现金流量净额	−3.56	−11.54%	−7.69	−26.48%	−6.41	−25.13%
汇率变动对现金及现金等价物的影响	−0.24	−0.78%	0.04	0.14%	0.17	0.67%
现金及现金等价物净增加额	30.86	100%	29.04	100%	25.51	100%

资料来源：根据青岛啤酒年报整理。

2018 ～ 2020 年青岛啤酒"经营活动产生的现金流量净额"占当年全部现金净流量即"现金及现金等价物净增加额"的比重分别为 156.49%、138.33%、160.50%，这三年均超过 100%，表明经营活动创造的现金流量是青岛啤酒的主要现金流来源，同时说明青岛啤酒的货币资金是高质量的、可靠的、可持续的，因为其资金的积累主要是靠经营活动创造，而不是靠投资活动或筹资活动。

如果我们进一步分析可以发现，青岛啤酒三年来，投资活动产生的现金流量净额一直为负值，表明投资的现金支出高于现金收入，企业仍在通过投资进行规模扩张，而筹资活动产生的现金流量净额每年也是负值，表明青岛啤酒正在偿还债务、压缩债务融资、降低债务风险，而压缩债务融资的信心来自经营活动的现金流创造能力不断增强。青岛啤酒的整体现金流状况良好。

需要特别说明的是，通过现金流量表来检验货币资金科目的质量，仍然存在一些局限性，主要体现为三点：第一，假如现金流量表中涉及非经营现金收支金额较大（比如营业外收入、营业外支出、与关联公司往来款收支等），经营活动现金流的质量高低，就会影响经营活动产生的现金流量的质量；第二，投资活动现金流数据中，有可能存在以前年度投入而本年度收回的投资，假如该金额过大，就会导致本年度投资活动产生的现金流量净额过大；第三，筹资活动现金流数据中，如果以前年度的借款在本年度还款，会导致本年度的筹资活动产生的现金流量净额出现负值。由于上述原因，运用现金流三个来源的占比来检验货币资金质量，只能作为一个考查依据，并不能绝对化。

5.3　财务战略调整会改变资产负债结构，进而影响现金流

财务战略本质上是从属于企业整体发展战略的，财务战略的调整通常随着企业发展战略的变化而调整。

企业发展战略影响企业财务战略，企业财务战略的变化必然影响企业资产负债的规模与结构，进而影响企业现金流的流量与结构（见图 5-2）。

图 5-2　财务战略对资产负债、现金流的影响流程

一家企业坚持扩张型财务战略，以实现企业业务规模、资产规模的快速扩张为目的。在这种财务战略下，企业需要将大部分甚至全部利润留存，并且需要进行外部融资，最大限度地利用负债。在这种情况下，企业的负债总额通常较大，资产负债率通常偏高，企业现金流的经营现

金流入、筹资现金流入的数额可能比较大，现金结余可能也不多。

在坚持扩张型财务战略几年之后，该企业的资金链越来越紧张，负债率越来越高，财务风险逐渐出现失控的迹象，于是管理层决定改变策略，将财务战略由扩张型改为防御型。在防御型财务战略下，企业不断缩减人员规模，精简分部机构，盘活存量资产，节约成本支出，并不断地减少负债，降低资产负债率，增加留存收益，并适当对股东减少利润分配。在这种财务战略下，企业的现金流入与流出规模也可能会减小。

企业的财务战略还包括制定相对应的投资战略、融资战略等，投资战略包括对内投资、对外投资，对外投资又涉及单独设立新公司、控股外部公司或者参股外单位等，融资战略又涉及股权融资和债券融资策略。这些财务战略的变化都会影响企业的资产负债表，同时影响企业的现金流量表。

| 第 6 章 |

资产负债表与所有者权益变动表
母与子的关系

所有者权益变动表是反映公司在一定时期内所有者权益变动情况的报表，是由资产负债表附表转化而来的。所有者权益变动表可以看作资产负债表的子表，二者关系非常紧密。

6.1 所有者权益变动表是资产负债表中所有者权益的放大

2007 年以前，公司所有者权益变动情况是以资产负债表附表形式予以体现的。新准则颁布后，要求上市公司于 2007 年正式对外呈报所有者权益变动表，所有者权益变动表成为与资产负债表、利润表和现金流量表并列披露的第四张财务报表。

之所以说所有者权益变动表是资产负债表中"所有者权益"项目的放大，是因为所有者权益变动表的核心内容就是"所有者权益"的各分项内容。我们通过所有者权益变动表的格式就可以看出来，如图 6-1 所示。

所有者权益变动表

2021 年

编制单位：

项目	本年数											上年数										
	实收资本	其他权益工具	资本公积	减：库存股	其他综合收益	专项储备	盈余公积	未分配利润	其他	所有者权益合计		实收资本	其他权益工具	资本公积	减：库存股	其他综合收益	专项储备	资本公积	盈余公积	未分配利润	其他	所有者权益合计
一、上年末余额																						
加：会计政策变更																						
前期差错更正																						
其他																						
二、本年初余额																						
三、本期增减变动金额（减少以"－"号填列）																						
（一）综合收益总额																						
（二）所有者投入和减少资本																						
1. 所有者投入的普通股																						
2. 其他权益工具持有者投入资本																						
3. 股份支付计入所有者权益的金额																						
4. 其他																						
（三）利润分配																						
1. 提取盈余公积																						
2. 提取一般风险准备																						
3. 对所有者（或股东）的分配																						
4. 其他																						
（四）所有者权益内部结转																						
1. 资本公积转增资本（或股本）																						
2. 盈余公积转增资本（或股本）																						
3. 盈余公积弥补亏损																						
4. 设定受益计划变动额结转留存收益																						
5. 其他																						
（五）专项储备																						
1. 本期提取																						
2. 本期使用																						
（六）其他																						
四、本期期末余额																						

图 6-1 所有者权益变动表示例

我们通过所有者权益变动表的表头项目可以看出，实收资本、资本公积、其他综合收益、盈余公积、未分配利润均属于资产负债表所有者权益的内容，所以把所有者权益变动表视作资产负债表的子表是恰当的。

6.2　所有者权益变动表侧重记载所有者权益各项目的变动信息

所有者权益变动表与资产负债表中"所有者权益"项目最大的区别，就是前者记载了所有者权益的变动情况，而"所有者权益"项目仅是对期末余额的记录。

通过图 6-1 左表头内容可以看出，该表正是把"所有者权益"项目中各分项的年初余额、本期增加额、本期减少额、期末余额的变动进行记录，更详细地展示了所有者权益各项目的增减变动过程。

因此，从本质上说，所有者权益变动表脱胎于资产负债表中的"所有者权益"项目，是资产负债表中"所有者权益"项目的放大。

第 7 章

利润表与现金流量表
"道"不同但"理"相通

所谓"道"不同，是指利润表和现金流量表的编制原则不同，所谓"理"相通，是指两张报表在揭示企业经营活动的本质上有相通之处。

利润表反映的是企业经营的成果与能力，现金流量表反映的是企业经营的质量，也就是通过现金流水平验证利润表的收入、利润的质量。企业的经营收入、经营利润只有转化为现金流，才能表明企业经营的质量高、能力强。

利润表和现金流量表看似由于编制原则不同而属于两条没有任何交集的平行线，其实不然，利润表和现金流量表从本质上都反映企业的经营状况，二者有密不可分的内在关联性，而且正常情况下，二者的变动应该呈现正相关性。

7.1　"道"不同：二者编制原则不同，没有直接交集点

利润表和现金流量表的编制原则不同，前者是按照权责发生制编制，后者是按照收付实现制编制，所以这两张报表的科目或项目几乎没有直接交集，当然有一种例外情况，那就是假如企业的所有销售都采取现款交易方式，即一手交钱一手交货，那么在按照权责发生制确认收入的同时，销售款也已经到账，这样出现在利润表中的营业收入与现金流量表中的"销售商品、提供劳务收到的现金"完全相等。但这种情况在现在的商业信用社会极为罕见，只出现在一些街头零售的小店铺中。

利润表由于权责发生制、收入费用配比等原则的要求，在反映企业盈利能力上更为科学、合理，所以我们通常说的利润、盈利等含义，都是站在利润表的角度讲的，而不是基于现金流量表。现金流量表是按照收付实现制编制的，通常情况下，现金收入和现金支出并不符合配比原则，所以无法准确计算企业的盈利。而现金流的优势在于反映企业的资金收支、结余情况，更便于分析企业的资金风险。

7.2　"理"相通：获利的能力与获利的质量有相通之处

虽然利润表与现金流量表之间"道"（编制规则）不同，但二者在某些"理"（道理）方面是相通的。

利润表既反映企业的经营成果，也反映经营的盈利能力，企业创造了多少收入、多少利润，企业经营的利润率是多少，都可以通过利润表中的数据计算出来。我们也可以这样看待现金流量表和利润表的关系，现金流量表实际上是按照收付实现制编制的经营的成果。我们通过现金流的收支、结余状况，可以对利润表呈现的经营成果、盈利质量进行验

证。验证思路如下：假如利润表中的营业收入都能够通过现金流量表中的"销售商品、提供劳务收到的现金"收回，则表明企业销售收入的质量很高；假如利润表中净利润都能通过现金流量表中的"经营活动产生的现金流量净额"和"投资活动产生的现金流量净额"收回，就表明企业经营获利的变现能力强，经营获利的质量高。

我们还可以从以下三个方面来理解利润表与现金流量表之间的内在联系。

第一，长期来看，企业的盈利状况决定了现金流的状况。

假如企业短期内亏损，不挣钱，靠外部融资仍然能让现金流量表看起来很好，但时间一长，仅靠融资资金就难以维持生存。所以，一家健康的企业，必然是在经营获利的情况下，持续获得经营活动的现金流，才可以长久。

第二，现金流量表的优劣可以验证利润表中营业收入与营业利润的质量高低。

利润表反映的是企业获利的能力，而现金流量表反映企业获利的质量。

假如一家企业的收入很高、利润很高，利润表显示的盈利能力很强，但是企业现金流量表的表现很差，企业创造的收入并没有及时转化为现金流入，就会出现账上利润很高，但企业并没有钱的状况，这就反映了企业的收入质量和盈利质量较差。这种情况有可能是应收账款周转速度慢，也可能是企业存在业绩造假导致的。

所以现金流量表客观上起到验证企业利润表质量高低的作用。

第三，利润表和现金流量表的项目虽然没有直接一一对应，但是很多项目之间存在密切的勾稽关系。比如现金流量表中的"销售商品、提供劳务收到的现金"，此项目金额完全来自利润表中的"营业收入"。利润表中的"营业成本"与现金流量表中的"购买商品、接受劳务支付的现金"存在勾稽关系。现金流量表与利润表的项目之间存在很多复杂的勾稽关系，我们把部分主要的勾稽关系展示出来，如图 7-1 所示。

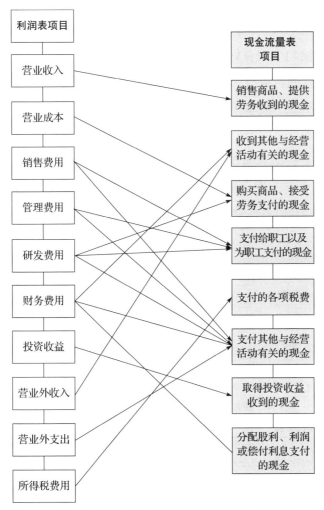

图 7-1　利润表项目与现金流量表项目的部分关联性示意图

总而言之，虽然利润表和现金流量表的编制规则不同，但是二者之间存在很强的关联性。从某一个时期看，二者呈现的盈利能力和现金流可能并不一致，比如某一期间，企业的利润表很好，但现金流并不好，或者利润表很差而现金流很好，这种反差现象很可能在短期内出现，但是放到一个更长的时期看，比如三年、五年，二者通常会呈现较强的正相关性。也就是说，一家企业只要每年的经营情况良好，利润表中的营业收入和利润均表现良好，那么企业的现金流量表通常会呈现良好的表现；假如企业的营业收入持续下滑，净利润年年亏损，那么通常情况下，企业的现金流量表也会非常难看，净现金流量会出现负值，企业的现金流会持续紧张。

假如企业长期利润表很好看，经营利润很高，增长很快，但是现金流量表每况愈下，现金流持续紧张，入不敷出，出现这种情况的原因，要么是企业存在财务舞弊，要么是应收账款管理比较糟糕。

7.3　利用现金流量表检验利润表的质量

我们在上一节中提到现金流量表可以检验利润表的质量，那么具体的方法是什么呢？

我们可以通过三个指标来检验，如表 7-1 所示。

表 7-1　利用现金流量表检验利润表质量的三个指标

序号	指标名称	计算公式	含义	评价标准
1	经营活动产生的现金流量净额与营业收入比	经营活动产生的现金流量净额 ÷ 营业收入	考查企业的营业收入能带来多少经营净现金流入量	越高越好，没有标准值，不同行业差别大，可与同类公司对比分析
2	经营活动产生的现金流量净额与净利润比	经营活动产生的现金流量净额 ÷ 净利润	考查企业的净利润中包含多少经营净现金，反映利润质量高低	越高表明盈利质量越好，通常不低于1，应结合行业对比分析

（续）

序号	指标名称	计算公式	含义	评价标准
3	销售商品、提供劳务收到的现金与营业收入比	销售商品、提供劳务收到的现金÷营业收入	表明企业销售收入中已收回现金的比例	正常值 0.8，低于 0.5 属异常情况，也要结合行业分析

我们对这三个指标分别进行解释说明。

1. 经营活动产生的现金流量净额与营业收入比

将现金流量表中"经营活动产生的现金流量净额"与利润表中的"营业收入"相对比，通过该指标可以考查企业的营业收入带来了多少经营现金净流入，以此判断企业营业收入的质量，该比值越高越好，越高表明企业营业收入带来的经营净现金越多，企业收入的质量越高。

假如一家企业的营业收入为 1 000 万元，经营活动现金流量净额为 100 万元，经营活动现金流量净额占营业收入的比例为 10%，也就是说企业每 100 元营业收入就可以带来 10 元的经营净现金。

究竟这个指标的标准值是多少，实际上并没有通用的参考标准。要想判断一家企业的经营活动现金流量净额与营业收入比值的高低，可以与同类竞争对手相比较。

2. 经营活动产生的现金流量净额与净利润比

经营活动产生的现金流量净额与净利润的比值，反映了企业创造的净利润中包含了多少现金，或者说企业的净利润中有多少在当期变成了现金。该指标考查的是企业盈利的变现能力，即含金量。比值越高表明企业净利润的含金量越高，企业盈利的质量越高。通常情况下，企业每年的经营活动产生的净现金流量与净利润的比值都应该大于 1。如果该指标常年低于 1 或持续下降，则表明企业的盈利质量存在问题，也可能存在虚增利润的嫌疑。

3. 销售商品、提供劳务收到的现金与营业收入比

销售商品、提供劳务收到的现金与营业收入比反映的是当期营业收入中有多少收入收回了现金。比值越高，表明企业销售回款情况越好；比值越低，表明企业回款情况越差。这个指标与应收账款周转率有同样的功能，可以参照应收账款周转率指标分析企业的销售回款情况。

企业的商品一旦实现销售，就会带来两类资产，一类是货币资金，另一类就是应收账款或应收票据，而收到的货币资金在现金流量表中就是"销售商品、提供劳务收到的现金"。由于企业极少采取一手交钱一手交货式的现金交易方式，通常会采取赊销的形式，所以企业实现销售之后的货款不会马上全部收到，都会产生一部分应收账款，这就导致"销售商品、提供劳务收到的现金"与营业收入的比率不会超过1，正常情况下能达到0.8就是合格的，假如长期低于0.5，就表明企业当期销售收入仅能收回一半，这样的销售回款情况是比较差的，企业的营业收入质量也是堪忧的，当然这种情况也有可能是企业业绩造假、虚增收入导致的。

总体来看，利润表与现金流量表存在极为紧密的联系，正常情况下，利润表与现金流量表的表现应该是正相关的，假如长期存在背离的趋势，比如盈利能力逐渐增强但是现金流持续恶化，那一定不是正常现象。即使不存在业绩舞弊，也说明企业的经营管理，尤其是应收账款管理存在严重问题。

财报分析新格局

突破思维局限，建立全局分析视角

本部分内容属于财报分析的"方法篇"。单纯的财务数据分析存在缺陷，为了拓展分析思路，我们必须建立新的分析视角。

仅仅通过财务报告中的数据来分析企业经营与财务的状况，有一定的局限性，既有会计数据本身的局限性，也有企业故意财务造假的局限性。为了突破这种局限性，我们需要从更多的维度考察企业。由此，我们提出在分析财报数字之外，还需要构建"三维视角"，即从企业所处的商业赛道、企业拥有的"护城河"、企业管理层信誉和能力维度综合评价一家企业。

分析企业的财务报表，为什么要考虑这些看似很宏观、很虚无的因素？这是因为会计数字的最终生成，是多种因素综合作用的结果，既包括企业经营管理能力、竞争优势、行业特性等因素，也包括管理层的意图与动机。这就在客观上要求我们，对于财务报表分析，既要从思路、方法、技巧等微观的角度入手，也要从宏观的角度考虑，尽可能更全面地洞察企业经营与财务的真相。

本部分内容主要从两个方面介绍财务分析的思路与方法。第一个方面是较为宏观的方面，从企业赛道、"护城河"、管理层的"三维视角"看待企业、分析企业、评价企业。理解了企业宏观层面的因素，就可以避免钻进财务数据的"牛角尖"，只见树木，不见森林。第二个方面就是对微观、具体的财报分析方法的介绍，比如财务分析最常用的分析方法、财报分析的四条主线等。

第 8 章

财报分析新格局
构建"三维视角"

　　财报分析的本质是研究企业的价值，那么具有较高价值的企业具备什么样的特征呢？除了单纯的财务因素，我们提出从三个维度来考查：第一，处于高价值的商业赛道上；第二，竞争优势方面拥有经济"护城河"；第三，优秀的管理层。我们将这三个方面称为"三维视角"（见图 8-1）。

　　从宏观层面看，商业赛道与行业发展、政策发展、宏观经济、社会发展趋势、技术、市场，甚至国内外政治经济环境都密切相关；"护城河"是企业与竞争对手相比的相对竞争优势，可以理解为拥有独特的、难以复制的、能够带来更高投资回报的核心竞争力；管理层是从人的角度考查，无论是否处于高价值赛道，无论是否具有经济"护城河"，企业归根结底是由人来经营管理的，高级管理层的能力以及商业道德，对企业的发展起到十分重要的作用。

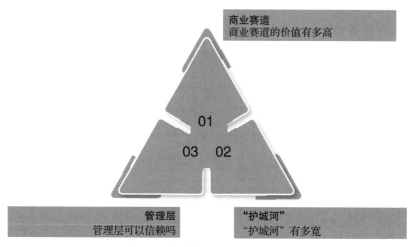

图 8-1　财报分析的"三维视角"

　　我们之所以提出财报分析的"三维视角"，出发点就是要避免陷入狭隘的财务数据中，财务数据的分析必须把企业的微观状况与宏观信息相结合，因为从根本上说，企业的财务数字是多种因素综合作用的结果。

　　一家企业的盈利能力强，发展速度快，难道仅仅是因为它的产品质量好吗？仅仅是因为它的销售能力强吗？仅仅是因为它的技术水平高吗？很显然并非如此，仅从企业内部找原因是不全面的，企业经营状况的优秀与否很可能与国家的宏观环境、行业发展的趋势、社会发展的潮流有关。只有把企业的内部因素与外部因素、主观因素与客观因素结合起来分析，我们才可能看透企业经营的真相。

　　巴菲特将投资形容为"在雪道上滚雪球"，长期投资能否获得超额收益取决于两方面：第一，滚雪球的相对能力，企业有没有自己的"护城河"，即企业自身具备的竞争优势；第二，取决于赛道是否湿滑以及赛道的长短，赛道是否湿滑决定了企业竞争是否容易实现差异化，赛道的长短决定了行业的发展空间、企业的成长空间。管理层的能力决定了企业能否将优势转化为胜势，管理层的品行和信誉对于信息披露、财报质量也有很大影响。

8.1 商业赛道的价值有多高

处于高价值赛道的企业未必一定能够取得经营的成功，但相比处于低价值赛道的企业，其经营成功的概率更高。

刘翔在 2007 年大阪世锦赛 110 米栏比赛中，身处第 9 赛道以 12 秒 95 夺得冠军，何以被称为"第 9 道奇迹"？因为第 9 道处于最外侧，最易受外围环境的影响，最重要的是没有同水平的相邻选手作为参照物，在掌控高速奔跑中的节奏时更加困难，毕竟哪怕是一丁点儿的影响在短跑领域也是极为关键的。田径比赛讲究赛道优势，而在商业领域，赛道同样重要。

什么是商业赛道？可以简单地理解为某一个行业，如汽车行业、饮料行业等，也可以理解为某一个行业的细分赛道，如汽车行业的细分市场燃油车和电动车，饮料行业的细分市场碳酸饮料、果汁饮料等。当然我们这里所讲的赛道，属于更广义的范畴，一个行业是一个赛道，一个产品也可以是一个赛道，一类品牌、一种商业模式、同类目标客户、某个狭小的细分市场，等等，都可以称为赛道，也可以将多种维度叠加组合成一种复合赛道模式。总之，我们这里的商业赛道是指企业定位的某一个具体的商业领域。

"人生就像滚雪球，重要的是发现够湿的雪和一道够长的山坡。如果你处于正确的环境中，雪球自然会滚起来，我就是如此。所谓滚雪球，并不仅仅指赚钱，它指的是你对于这个世界的领悟和朋友的累积。"这是巴菲特总结自己投资经验时说过的一段话，我们由此可以看出巴菲特对于投资选择的思考。所谓"够湿的雪"和"够长的山坡"，实际上就是高价值赛道的特征。"够湿的雪"指行业的利润足够"厚实"，能够让身处其中的企业赚到更多的钱，而"够长的山坡"是指行业的发展前景广阔，行业成长的空间大，行业的长期投资回报率高。

企业自身的竞争优势是可以磨炼出来的，但是行业的发展空间和商业特性是企业无法通过主观努力改变的。

那么，什么是高价值的商业赛道？我认为其应该具备这样两个特征。

第一，高价值的商业赛道首先应具有现实以及潜在的社会效益和经济效益。只有建立在能对人类社会产生积极影响和具有重要意义的社会效益的基础上，这个赛道才具有长期发展壮大的可能。此外，这个具有社会效益的赛道必须能够带来经济效益，能够给赛道内相关经营主体带来财务上的收益，这样才会调动更多的参与主体，使其愿意持续地投入资金、资源，从而保证赛道能够获得源源不断的发展动力。

第二，高价值的商业赛道必须具有一个确定的产业趋势。在政策、消费习惯、产品创新或者技术进步的推动下，能够孕育出具有良好未来发展前景的行业。虽然这个领域的产品、技术路径、业务模式在当前的渗透率仍比较低，但是有足够强的逻辑或已有证据表明，渗透率会在未来几年得到快速提升。

处于朝阳行业、趋势上行的普通公司，其成长的速度比夕阳产业中的头部公司要更快。处于下行趋势的赛道上，有时候无论怎么努力都扭转不了颓败的趋势。2017 年阿里巴巴集团出资 224 亿元收购大润发超市之后，大润发创始人黄明端感慨地说："我们战胜了所有的对手，却输给了时代。"电子商务代表了当前零售市场的未来趋势，而传统的线下大卖场、大超市处于下行的趋势。

当然，赛道价值的高低不是一成不变的，也会随着社会发展阶段的变化和经济水平的发展而改变。20世纪八九十年代，黑白电视机、缝纫机、录音机等企业处于快速成长的优质赛道，但是现在已经无人问津。当一个社会中大多数人连基本的温饱问题尚未解决时，娱乐业、高档消费品很难获得快速成长的机会，而能够满足消费者基本衣食住行需求的质优价廉的产品，往往更受青睐。

所以，对于商业赛道的判断，需要从社会发展阶段和经济发展水平的宏观视野来观察。

企业所处的商业赛道，是企业生存和发展的土壤。一个处于蓬勃发展、蒸蒸日上的赛道中的企业，成长空间更大，所谓"水广鱼大，山高木修"就是这个道理。

商业赛道只是企业所处的外部环境，并非企业经营成功的决定因素。但是处于高价值商业赛道里的企业，客观上通常比处于低价值赛道的企业具有更广阔的发展空间，具有更多的发展机会，企业经营成功的可能性也更大，长期投资回报率也会更高。

8.2 "护城河"有多宽

"护城河"是企业具有的独特竞争优势，也是可以抵御竞争对手侵袭的坚固壁垒。"护城河"是企业内在的结构性特征。我们应该认识到，某些企业天生就有其他企业不可逾越的优势。但并不是所有的竞争优势都是"护城河"，优质的产品、很高的市场份额、强大的执行与管理能力，拥有这些优势固然不错，但这些还构不成"护城河"。

企业"护城河"的形成与多方面的优势有关，如无形资产、转化成本、定价权、成本领先等。有些企业在某一个方面显著强于竞争对手，并由此形成自身独特的竞争优势；有些企业同时拥有多种竞争优势，这样的"护城河"的保护能力更为强大，也更为持久。

下面我们从四个方面分析企业"护城河"的窄与宽：无形资产、转换成本、定价权、成本领先（见图8-2）。这四个因素也许并非决定"护城河"窄与宽的全部因素，但一定是最重要的四个因素。

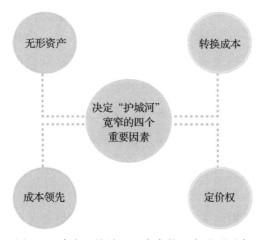

图 8-2　决定"护城河"宽窄的四个重要因素

8.2.1　无形资产：品牌和专利权是有限的护身符

尽管无形资产摸不着、看不见，但是它对企业价值的影响是巨大的。为什么一瓶飞天茅台白酒能卖两三千元而其他白酒普遍卖几十元一瓶？为什么一瓶装满碳酸饮料的可口可乐可以卖到全世界？品牌和专利权是保持企业竞争优势的重要组成部分，但是它们是有限的护身符。

品牌并不一定能够形成企业的"护城河"，只有能够提高消费者购买意愿的品牌，或者能够巩固消费者对商品依赖性的品牌，才能形成经济"护城河"。如果品牌不能帮助企业形成更高的定价权或者带来消费者的重复购买，不能创造收益，那么这样的品牌构不成"护城河"。尽管品牌可以带来竞争优势，但是最为关键的是它能否影响消费者的行为。

专利权也是形成企业经济"护城河"的一个因素，因为通过法律手段可以保护自己的专有特权，但是专利权给企业带来的竞争优势，并没有那么强大。专利权是有期限的，一旦到期，只要有利可图，竞争对手就会蜂拥而至。那些把经营利润建立在少数专利产品之上的企业，对此应该引起警惕，因为一旦它们的专利权受到挑战，企业就可能遭受比较严重的损失。专利权通常只能阻止少数竞争对手获得同样的成果，无法阻止所有的竞争对手。事实上，很多大公司不会用专利权将竞争对手关在门外，而是通过有偿授权的形式，收取部分专利费用，允许竞争对手使用自己的专利。假如一家公司维持利润率主要是靠专利保护，这通常是脆弱而不是强势的表现，因为专利的保护是有期限的，一旦专利保护不再存在，公司的盈利就会大打折扣。

有一种长期积累起来的无形资产优势非常值得关注，比如随着检测机构检测的案例越来越多，其信誉和权威性越来越有说服力，这样经过长期市场检验积累起来的无形资产是很扎实的，竞争对手往往很难通过走捷径超越。

总之，品牌和专利权不是永久的护身符。不是所有的品牌都能构成企业的"护城河"，专利权的保护也是有期限的。要评价无形资产能否形成企业长期竞争的"护城河"，关键是看它们能够给企业创造多少价值，以及它们能够持续多久。一个不能带来定价权或促进客户重复购买行为的品牌，不具有竞争优势，更谈不上"护城河"。专利权虽然也能带来竞争优势，但是法律上的限制是专利"护城河"最大的挑战。

8.2.2 转换成本：高转换成本能构成强大的"护城河"

什么是转换成本？假如你在楼下小卖铺买一瓶价格 3 元的矿泉水，

然后有人告诉你 10 公里外有个小店同品牌的矿泉水只卖 2 元，你会跑过去买吗？肯定不会，因为你觉得来回的路费，加上耗费的时间和精力，只是为了节省 1 元钱不值得，这就是转换成本。

当客户从一个公司的产品转向另一个公司的产品，如果在产品价格上节省下来的钱，低于进行转换发生的费用，那么它们之间的差额就是转换成本。

转换成本是一种非常有价值的竞争优势，只要自己的客户不会跑到竞争对手那里，企业就可以持续地从客户身上获取利润。如果客户无法实现转换，那么企业就可以制定更高的价格，由此可以维持较高的投资回报率。

当然转换成本是多种多样的，并非仅仅局限于金钱，还包括产品的便利性，重新适应、重新学习的时间成本，技术优势，转换的复杂程度，等等。比如客户长期使用一种大型管理系统，假如要更换另一个品牌的系统，即使新系统更好用，价格更低，通常也不会轻易更换，因为大型系统的上线是一个庞大的工程，耗费的时间成本是很大的。转换所耗费的时间以及转换系统耗费的人力、物力等，都属于转换成本。

8.2.3　定价权：企业竞争优势中最重要的因素

定价权应该是企业最重要的"护城河"，是竞争优势中最重要的因素。市场价格是供需双方最终达成交易的妥协点，一家企业的定价能力在一定程度上反映了其在上游供应商、下游客户以及同层竞争对手中所处的地位。如果客户愿意以更高的价格购买某项产品和服务，那么可以判断这个公司一定具有竞争者所不具有的差异化价值。

当然，定价权不一定都是市场行为，也可能是行政行为。我们将定价权的种类分为以下几种。

　　第一种，企业没有自主定价权，定价权来自政策。比如银行、铁路、石油等行业，这些行业的定价权由政策确定，行业内的企业并没有自主定价权，价格受政策严格管制。

　　第二种，附加值高且具有独特性、稀缺性、唯一性的产品定价权较强。由于这样的产品自身技术水平高、附加值高、难以模仿和复制，或者供应量少，因此客户黏性较高。比如软件产品、奢侈品、高档化妆品等。

　　第三种，产品定价主要考虑成本因素，能够向下游传导成本，但是定价不能超过成本太多，否则就失去了竞争优势。这种定价权对于规模效益的依赖性较强，规模越大，相较于竞争对手的定价能力就会越强。

　　假如一家企业的定价权是基于市场竞争，且因为自身产品的差异化、独特性、稀缺性、唯一性而享受比竞争对手更高的溢价收益，那么由这样的定价权形成的"护城河"是非常强大的。

　　需要强调的是，定价权并不代表企业可以拥有无限的提价权，任何价格水平都是相对于竞争对手的价格水平。定价权不是一成不变的，也会受到客户购买力水平、客户兴趣与偏好、竞争对手的定价策略、产品差异程度等因素的影响而产生变化。

8.2.4　成本领先：持续性是决定因素

　　迈克尔·波特在《竞争优势》中指出，竞争优势有两种基本形式：成本领先和差异化。

　　一个企业的竞争优势最终取决于企业在多大程度上能够在相对成本和差异化上有所作为。任何一个业绩优异的企业都具备其中之一或同时具备两种优势，即超凡的获利能力从逻辑上说只能来自低成本和差异化形成的高定价。

　　具备成本领先优势的企业能够在提供质量、性能相同或相近的产品或服务的基础上，使自身成本处于比其他所有竞争者都低的水平，从而使定价比其他竞争对手低，以此吸引消费者购买本企业的产品或服务，从而拥有优于竞争对手的竞争优势，使企业实现价值增值。

由于企业具有成本优势，一方面生产量大，可以形成规模经济效应，另一方面通过长期积累能够形成经验曲线效应，因此可以降低单位产品的生产成本。当潜在进入者想进入该产业与企业竞争时，企业可以通过打价格战的方式拖垮竞争对手，同时因为有价格战的优势，可以压制竞争对手，保持领先地位。

具备成本领先"护城河"的企业，其根源与以下几个因素有关。

1. 独特的资源优势

如果企业采掘矿藏资源的成本低于其他资源开采企业，那么这家企业就拥有资源优势，从而在矿产成本方面拥有优势。比如国内稀土龙头企业中国北方稀土（集团）高科技股份有限公司，由于其拥有大量的稀土矿山资源，所以其稀土产品竞争力在国内领先。

2. 优越的地理位置

优越的地理位置这一因素并非适用于所有行业，拥有不可复制的地理优势，会对部分行业形成有限的竞争"护城河"。比如砂石料开采业，砂石料厂家对于在一定半径范围内的市场，拥有较强的定价权。因为外地砂石料场距离远，运输成本高，通常在与当地厂家竞争时处于成本劣势的地位。

3. 领先的商业模式

一家公司找到一种低成本的产品或服务的商业模式时，可能会在一段时间内，在成本或价格方面领先于竞争对手，但是这种由商业模式带来的成本领先优势往往不能持续太久，因为竞争对手会纷纷效仿。

我们对由成本优势带来的"护城河"要保持清晰的认识，因为有些成本优势持续时间可能比较短，一旦成本优势削弱，"护城河"就不复存在。

由综合竞争优势形成的成本领先优势才可能会长久，比如同时在核心技术、规模、商业模式、地理位置、资源等因素中的多个方面存在优势，这样的成本领先才更为可靠。

需要说明的是，无形资产、转换成本、定价权、成本领先这四个因素是构成企业"护城河"最重要的因素，但并不是全部因素，也可能基于其他特殊的原因构成了企业的"护城河"。但业界研究成果显示，这四个因素是最普遍也是最为关键的四个因素，因此我们仅仅介绍了这四个方面的因素。

8.3　管理层可以信赖吗

合格的管理层也许难以带领企业走向卓越的巅峰，但是糟糕的管理层绝对能快速毁掉一家企业。

管理层的智慧、眼光、积极性及商业道德都会对股东回报产生很大影响。为股东着想的管理层在资本市场可以采取很多影响股东回报的策略，比如回购股票、审慎使用杠杆、以提升公司价值为基础的兼并重组等。假如管理层不愿意站在股东利益的角度考虑，甚至损害上市公司的利益而满足个人私利，由这样的管理层所带领的公司往往会给投资者带来巨大风险。

管理层对于企业发展的影响力，在不同的阶段是不一样的。对于处在初创阶段或者转型阶段的企业来说，管理层的战略定位与决策能力往往能够决定企业的生死存亡。但是，在企业发展到一定规模，管理与运营都比较稳定的情况下，管理层的影响力相对较小。

实际上很多投资大师在考察一家企业时，都非常重视对管理层的评估。菲利普·A.费雪认为，物色值得买进的优良股票，必须考虑管理层的因素。管理层的深度够吗？管理层诚信正直的态度是否毋庸置疑？管理层是否对投资者报喜不报忧？沃伦·巴菲特也认为，只有那些业务清晰易懂、业绩持续优异，有能力非凡并且为股东着想的管理层的公司，才是值得投资的。

我们可以从两个方面考查企业的管理层：一是能力；二是商业道德。管理层的能力实际上很难量化，但是我们可以从以下三个角度考查。

第一，优秀的战略规划能力。企业经营的成功往往取决于是否具有优秀的战略规划能力，企业的管理层是否具有前瞻性并掌握行业长远的发展趋势，能否制定清晰的战略目标并且具备完成目标的资源和能力，能否在完成战略目标的过程中，通过强大的执行力不断取得阶段性成功。这些都是判断一家企业是否具有优秀的战略规划及执行力的关键点。

企业是否拥有清晰的战略目标，短期并不显而易见，但是在长期的发展过程中，有战略意识的企业会逐渐拉开与竞争对手的差距，而那些没有战略意识的企业，总是表现出典型的投机主义特点，如企业经营总是追随市场热点，贸然制定一些宏伟的、不切实际的目标，突然终止先前定下的战略目标，对于行业的发展趋势以及自身的经营特点从不深思熟虑，等等。这样的企业根本没有战略规划能力。

第二，高效的组织体系。稳固高效的组织体系是企业前进的根基。只有战略规划，没有组织体系做保障，再好的战略最终也是空中楼阁，难以落地。当然，一个有战斗力的组织需要建立良好的激励机制，需要形成适宜的企业文化。激励机制是确保组织活力的手段，建立健全的机制是一个企业逐渐走向成熟的必要步骤。而企业文化是企业凝聚力的重要保障，与企业自身的特征、员工的构成、高管的个性等密不可分。一个强调创新的公司，企业文化一定不能是刻板、守旧的，必须在组织内形成平等、自由、追求与众不同的文化氛围。而那些拥有大规模车间、采取流水化作业方式的制造型企业，它们的企业文化更多地强调纪律性、规范性、统一性。

第三，强大的创新能力。创新能力已经成为现代企业不可或缺的能力之一，没有创新能力的企业无法应对快速变化的市场。当然，企业的创新不仅仅是在技术研发方面的创新，实际上在营销、管理、生产、经营模式等方面同样需要创新。

管理层的能力最终体现为企业的经营效率能否持续提高，企业的盈利能力能否持续增强，企业的竞争优势能否持续提升。

管理层的商业道德也是不容忽视的问题。尽管商业道德与个人的品行有关，实际上核心管理人员的商业道德也会对企业的发展产生重大影响。在商业经营中，是否坚守商业基本规则，能否站在员工、客户、股东、投资者的角度考虑问题，是否视诚信为美德，是否具有强烈的社会责任，都影响着企业经营的成败。

第 9 章

掌握财务分析最实用的三种方法

财务分析的方法有很多，实际上对于大多数普通财务分析人员来说，只需要掌握几种最常用、最有效的分析方法即可。

本章我们重点介绍三种实用的财务分析方法：结构百分比分析法、趋势分析法、对比分析法。这三种方法操作简单，容易理解，易于掌握，在实务中被大多数财务分析人员广泛使用。

9.1 结构百分比分析法既简单又实用

在分析财务报表时，我们可以有效地使用百分比表达数字关系，即将报表中的某一重要项目的数据作为 100%，然后将其他项目都以这一项目的百分比形式列示，这就是我们常见的结构百分比分析法。这种方法可以很容易地将绝对数字简化成相对数，帮助我们更清楚地看出企业的问题和结构变动的趋势。

9.1.1 通过当期数据百分比判断各项目的重要性、合理性

通过各项目的比重，分析各项目在企业经营中的重要性。一般项目比重越大，说明其重要程度越高，对总体的影响越大。此外，通过各项目所占的百分比，也可以看出企业的资产结构是否合理，利润和现金流的构成是否合理。

⚲ 案例 9-1

贵州茅台报表数据结构百分比分析

贵州茅台酒股份有限公司（以下简称"贵州茅台"）是国内白酒龙头企业。2020 年贵州茅台资产负债表数据占总资产的百分比，如表 9-1 所示。

表 9-1 2020 年贵州茅台资产负债表数据占总资产的百分比

（单位：亿元）

项目	2020 年	占总资产百分比
一、货币资金	1 542.91	72.30%
二、应收票据	15.33	0.72%
预付款项	8.98	0.42%
其他应收款	0.34	0.02%
存货	288.69	13.53%
其他流动资产	0.27	0.00%
流动资产合计	**1 856.52**	**87.00%**
其他非流动金融资产	0.09	0.00%
固定资产	162.25	7.60%
无形资产	48.17	2.26%
长期待摊费用	1.48	0.07%
递延所得税资产	11.23	0.53%
其他非流动资产	54.22	2.54%
非流动资产合计	**277.44**	**13.00%**
资产合计	**2 133.96**	**100.00%**
应付账款	13.42	0.63%
预收款项	133.22	6.24%
应付职工薪酬	29.81	1.40%
应交税费	89.2	4.18%

（续）

项目	2020 年	占总资产百分比
其他应付款	32.57	1.53%
其他流动负债	158.52	7.43%
流动负债合计	456.74	21.40%
非流动负债合计	0.01	0.00%
负债合计	456.75	21.40%
股本	12.56	0.59%
资本公积	13.75	0.64%
其他综合收益	−0.05	0.00%
盈余公积	201.75	9.45%
未分配利润	1 375.94	64.48%
一般风险准备	9.28	0.43%
少数股东权益	63.98	3.00%
股东权益合计	1 677.21	78.59%
负债和股东权益合计	2 133.96	100.00%

资料来源：根据贵州茅台 2020 年年报整理，货币资金包含拆出资金，有些数据进行了四舍五入。

首先，从 2020 年贵州茅台总的资产负债结构中可以看出，负债总额占资产总额的比重为 21.4%，数值较小，表明贵州茅台债务负担较轻，偿债压力较小，同时说明贵州茅台的资金来源以自有资金为主，企业的财务管理较为稳健。

其次，从资产结构来看，流动资产占总资产的比重为 87%，非流动资产仅占 13%，这表明贵州茅台的资产以流动资产为主，资产的流动性相对较好。流动资产中，货币资金占总资产的比重高达 72.3%，存货占 13.53%，由此可见，贵州茅台的账面货币资金非常充裕，而且公司没有应收账款。贵州茅台凭借强大的品牌影响力，所有销售均是先付款后交货，这种经营模式具有巨大优势，能够以极高的效率回笼资金，加速企业的经营周转。

再次，从负债结构来看，贵州茅台的负债基本全部是流动负债，而流动负债中全部是无息负债，这表明公司的业绩是实实在在地靠经营获利，没有利用经营杠杆，没有利息负担。

最后，从股东权益的构成来看，未分配利润占总资产的比重高达64.48%，留存收益（未分配利润＋盈余公积）占股东权益的比重高达94.07%，这表明贵州茅台的股东权益质量非常高。

结论：贵州茅台的资产负债结构非常稳健，负债少，负债率低，资产流动性强，股权权益质量高。如果从财务价值最大化的角度看，贵州茅台的财务战略偏保守，货币资金比重过高。当然货币资金过高也有客观原因，因为贵州茅台酒的生产产能有限，尽管供不应求，但受限于白酒酿造周期，所以难以快速扩大产能。从贵州茅台年报披露的信息看，管理层也在努力地增加产能，提高产量。

9.1.2 通过历史数据结构百分比分析企业发展变动趋势

通过报表历史数据结构百分比，可以看出企业发展变化的趋势，可以判断企业的这种结构百分比的变化是积极还是消极，是上升还是下降，是符合公司预期还是偏离公司预期等。

我们通过贵州茅台的利润表结构百分比的变化来分析企业变动趋势。

📍 案例 9-2

贵州茅台利润表结构百分比分析

2019 年、2020 年贵州茅台利润表数据占营业收入的百分比如表 9-2 所示。

表 9-2 2019 年、2020 年贵州茅台利润表数据占营业收入的百分比

（单位：亿元）

项目	2020 年	占营业收入百分比	2019 年	占营业收入百分比	变动
一、营业收入	949.15	100.00%	854.30	100.00%	
二、营业成本	81.54	8.59%	74.30	8.70%	−0.11%
营业税金及附加	138.87	14.63%	127.33	14.90%	−0.27%

（续）

项目	2020 年	占营业收入百分比	2019 年	占营业收入百分比	变动
销售费用	25.48	2.68%	32.79	3.84%	−1.16%
管理费用	67.90	7.15%	61.68	7.22%	−0.07%
研发费用	0.50	0.05%	0.49	0.06%	−0.01%
财务费用	−2.35	−0.25%	0.07	0.01%	−0.26%
信用减值损失	0.71	0.07%	0.05	0.01%	0.06%
加：公允价值变动收益	0.05	0.01%	−0.14	−0.02%	0.03%
投资收益	0	0.00%	—	0	0
其他收益	0.13	0.01%	0.19	0.02%	−0.01%
三、营业利润	666.35	70.20%	590.41	69.11%	1.09%
加：营业外收入	0.11	0.01%	0.09	0.01%	0.00%
减：营业外支出	4.49	0.47%	2.68	0.31%	0.16%
四、利润总额	661.97	69.74%	587.83	68.81%	0.93%
减：所得税费用	166.74	17.57%	148.13	17.34%	0.23%
五、净利润	495.23	52.18%	439.70	51.47%	0.71%

资料来源：根据贵州茅台 2020 年年报整理。

2020 年营业成本占营业收入的百分比较 2019 年下降 0.11%，可见贵州茅台的毛利率在提高。从期间费用看，销售费用、管理费用占营业收入的比重均在下降，财务费用更是降为负值，原因是贵州茅台没有有息负债，即没有利息支出，利息收入大于手续费及其他财务费用。总体来看，贵州茅台的费用管控能力非常优秀。

由于营业成本、期间费用占营业收入的百分比均在降低，因此贵州茅台营业利润占收入的百分比（即营业利润率）上升就水到渠成了。2020 年的营业利润率为 70.2%，比上年提高 1.09 个百分点，茅台的盈利能力有所增强。

我们通过对贵州茅台两年的利润表结构百分比进行对比，可以发现，贵州茅台的经营状况在好转，成本费用的控制效果良好，公司盈利能力也在提升。

9.1.3   通过竞争对手的结构百分比，看出竞争双方的优势与劣势

贵州茅台和宜宾五粮液股份有限公司（以下简称"五粮液"）都是白酒行业的佼佼者，二者存在较强的竞争关系。我们通过对比两家公司2020年的利润表，看看双方的差距在哪里。2020年贵州茅台与五粮液的利润表结构百分比数据如表 9-3 所示。

表 9-3   2020 年贵州茅台与五粮液利润表结构百分比对比

（单位：亿元）

项目	贵州茅台	占营业收入百分比	五粮液	占营业收入百分比
一、营业收入	949.15	100.00%	573.21	100.00%
二、营业成本	81.54	8.59%	148.12	25.84%
营业税金及附加	138.87	14.63%	80.92	14.12%
销售费用	25.48	2.68%	55.79	9.73%
管理费用	67.90	7.15%	26.10	4.55%
研发费用	0.50	0.05%	1.31	0.23%
财务费用	−2.35	−0.25%	−14.86	−2.59%
信用减值损失	0.71	0.07%	0.01	0.00%
加：公允价值变动收益	0.05	0.01%	0	0.00%
投资收益	0	0.00%	0.93	0.16%
其他收益	0.13	0.01%	1.62	0.28%
三、营业利润	666.35	70.20%	278.26	48.54%
加：营业外收入	0.11	0.01%	0.41	0.07%
减：营业外支出	4.49	0.47%	1.89	0.33%
四、利润总额	661.97	69.74%	276.78	48.29%
减：所得税费用	166.74	17.57%	67.65	11.80%
五、净利润	495.23	52.18%	209.13	36.48%

资料来源：根据贵州茅台、五粮液 2020 年年报整理。

首先从营业成本占收入的百分比来看，贵州茅台为 8.59%，五粮液是 25.84%，同样是白酒厂家，有同样的主营业务，而且同属于高端白酒行业，但是贵州茅台的成本较五粮液领先 17.25 个百分点，由此带来的

结果就是贵州茅台可以拥有 91.41% 的毛利率，而五粮液的毛利率仅为 74.16%。茅台酒凭借更强大的品牌优势，保持了其在定价方面的优势，更高的定价带来了更高的毛利率。

再来看期间费用占比情况。贵州茅台在营销方面的投入更少，销售费用占收入的百分比为 2.68%，比五粮液低 7.05 个百分点。在管理费用方面，贵州茅台高出五粮液 2.6 个百分点。二者的财务费用均为负值，实际上两家公司均没有有息债务，利息收入较高，导致财务费用为负。那么为什么五粮液的财务费用为 –14.86 亿元，而贵州茅台仅为 –2.35 亿元呢？主要原因是贵州茅台的货币资金中包含 1 182 亿元的拆出资金，这些资金中有很大一部分未产生利息收入。

我们把四项费用（销售费用、管理费用、研发费用、财务费用）的合计总额占收入的比重计算出来，贵州茅台为 9.63%，五粮液为 11.92%，贵州茅台低于五粮液 2.29 个百分点。

正是因为成本与期间费用占收入的百分比均占有优势，所以贵州茅台的营业利润率和销售净利率均领先于五粮液。贵州茅台和五粮液的营业利润率分别为 70.2% 和 48.54%；贵州茅台和五粮液的销售净利率分别为 52.18% 和 36.48%。

我们通过对比互为竞争关系的贵州茅台与五粮液可以看出，贵州茅台全面领先五粮液，根本原因是贵州茅台的品牌在市场上影响力更大，尤其是飞天茅台风靡一时，使得贵州茅台酒在定价方面具有得天独厚的优势，这直接拉高了自身的毛利率，也拉开了与竞争对手（包括五粮液）的差距。

9.1.4 结构百分比分析法经验总结

我们在利用结构百分比分析法时，总结出以下几点经验。

第一，结构百分比分析法的主要目的，是通过结构比例的构成以及构成比例的变动发现问题，比如净利润的下滑，可能是由于管理费用占收入的比重过大，并且这个比重逐渐放大，由此信号就能够发现企业净利润下降的重要原因就是管理费用占比过高。

第二，结构百分比分析法应与对比分析法、趋势分析法等其他分析方法结合起来使用。将这些方法结合起来，灵活运用，往往能达到更好的分析效果。

第三，结构百分比分析法既可以分析财务报表的静态结构，也可以分析动态结构。结构分析也可以通过多层次结构分析，从而找到企业财务状况变动的原因。比如在分析资产负债表结构时，可以先从一级科目分析，再深入二级科目、三级科目，通过层层深入，以发现企业财务中更深入的问题。

9.2 趋势分析法帮你看清未来

如果我们只看一年的财务报表，很难准确判断这家企业的财务能力是变强了还是变弱了，但是我们通过观察两年以上，甚至三至五年的财务数据的变化，就可以更清晰地看到这家企业财务变化的趋势。

把企业的某一项或几项财务数据以时间顺序列示，分析其以前年度的变化态势，从而预测未来发展变化的轨迹，我们把这种方法称为趋势分析法。趋势分析法是从动态的角度反映企业过去的财务状况和经营成果，能够更深刻地揭示企业财务数据消长的变化及其发展趋势，从而发现财务报表内含的许多深层次的财务关系，并有利于对未来的趋势做出更合乎逻辑的预测。

趋势分析法的对象既可以是财务报表中的某个单项科目，如资产、负债、所有者权益、收入、成本、费用、利润等，也可以是某一个财务比率，如资产负债率、销售利润率等，还可以对某一种能力的变化情况进行分析，比如偿债能力、盈利能力、经营能力、发展能力等。

运用趋势分析法需要注意以下几个问题：

第一，利用趋势分析法分析财务报表时，有必要对某些数据进行适当的修正，保证各时间序列数据具有可比性，统一时间序列内的统计口径、计量标准、会计政策要保持一致；

第二，进行趋势分析时，应剔除偶发性项目的影响，使用于分析的数据能反映正常的经营状况；

第三，趋势分析要重点关注异常及例外情况，对某项有显著变化的指标做重点分析，考察其产生的原因，分析其有利或不利的影响，以便采取有针对性的措施，规避风险或改进财务管理。

我们通过一个案例来介绍趋势分析法的应用。

◉ 案例 9-3

云南白药财务报表趋势分析

云南白药集团股份有限公司（以下简称"云南白药"）是国内中药厂家龙头企业，我们通过这家公司三年的财务比率数据，观察这家公司财务状况的变化情况与发展趋势，如表 9-4 所示。

表 9-4　2018 ～ 2020 年云南白药财务比率指标

比率指标	2020 年	2019 年	2018 年
盈利能力指标			
销售净利率	16.83%	14.07%	12.32%
销售毛利率	27.75%	28.56%	30.55%
净资产收益率	14.46%	10.31%	17.37%
营运能力指标			
营业周期（天）	203.75	208.28	201.86

（续）

比率指标	2020 年	2019 年	2018 年
存货周转天数（天）	173.01	184.67	181.05
应收账款周转天数（天）	30.74	23.61	20.81
偿债能力指标			
流动比率	3.15	4.65	2.68
速动比率	2.25	2.89	1.53
资产负债比率	30.56%	23.28%	34.42%

资料来源：依据云南白药财报整理。

从盈利能力来看，云南白药的盈利能力在三年内相对稳定，波动不大。2020 年销售净利率比过去两年略有提高，销售毛利率略微降低，净资产收益率比 2019 年略有提高。整体上盈利能力较强。

从营运能力来看，2020 年营业周期比 2019 年缩短了 4.53 天，存货周转天数缩短了 11.66 天，应收账款周转天数有所增加。整体上云南白药的存货管理明显改善，存货周转速度提高，但应收账款回笼资金的速度有所下降，而且从三年的趋势来看，应收账款周转天数逐年增加，2020年为 30.74 天，比 2018 年增加 9.93 天。

从偿债能力来看，流动比率、速冻比率均较高，资产负债比率较低，总体上债务负担较轻，偿债压力较小，偿债能力较强。

从 2018 ～ 2020 年这三年的比率指标看，云南白药的盈利能力有所增强，营运能力也有所提高，偿债能力略有下降，但仍具有较强的偿债能力。总体而言，云南白药的财务状况呈现较为稳定的发展态势。

9.3　对比分析法要找准对标的"靶子"

没有对比就没有鉴别，财务分析同样如此。要想更准确、客观地了解一家公司的财务绩效究竟是好还是坏，必须找准对标的"靶子"，即对标公司。对标公司必须是同类公司，在业务、产品、商业模式等各方面相同或相似的公司。只有与对标公司的财务与经营状况进行对比分析，才能知道自身的水平高低。

对标公司的选择可以使用两个标准：第一个标准是选择与本公司规模相当、实力相当的同类公司，与之互为直接竞争对手，与这样的公司进行财务对标分析，可比性比较强，更容易发现自身存在的不足和问题；第二个标准是选择同行业内的龙头公司，也就是在这个行业内居绝对领先地位的公司，这样的公司通常会比一般企业规模大很多，优势更大，通过与龙头公司对比，可以看出我们努力追赶的方向，找到自身与业内最好的公司的差距。当然，对比分析不一定只与一家公司做对比，也可以与同行业内多家公司做对比。

⊙ 案例 9-4

燕京啤酒与青岛啤酒的财务指标对比

北京燕京啤酒股份有限公司（以下简称"燕京啤酒"）如果把青岛啤酒股份有限公司（以下简称"青岛啤酒"）作为自己的对标公司，那么可以通过财务指标对比发现自身差距。燕京啤酒与青岛啤酒 2019 年、2020年的财务指标对比如表 9-5 所示。

表 9-5　燕京啤酒与青岛啤酒的财务指标对比

财务指标	燕京啤酒		青岛啤酒（对标公司）	
	2020 年	2019 年	2020 年	2019 年
毛利率	39.19%	39.06%	40.42%	38.96%
销售净利率	2.61%	2.30%	8.38%	6.89%
净资产收益率	1.49%	1.76%	11.13%	9.97%
期间费用率（含研发费用）	25.53%	25.67%	22.38%	23.31%
营业收入增长率	-4.71%	1.10%	-0.80%	5.30%

（续）

财务指标	燕京啤酒		青岛啤酒（对标公司）	
	2020 年	2019 年	2020 年	2019 年
净利润增长率	−14.32%	27.76%	18.86%	30.23%
存货周转天数	209.96	200.49	70.33	61.47
应收账款周转天数	7.11	7.68	1.75	1.68
营业收入（亿元）	109.28	114.68	277.60	279.84
净利润（亿元）	2.85	2.63	23.27	19.23
总资产（亿元）	184.92	181.62	415.14	373.12

资料来源：根据燕京啤酒、青岛啤酒财报整理。

在盈利能力方面，燕京啤酒与青岛啤酒相比，差距较为明显。以2020 年为例，燕京啤酒的毛利率比青岛啤酒的毛利率低 1.23%，尽管两家公司的毛利率相差不是很大，但是销售净利率相差 5.77%。在净资产收益率方面，燕京啤酒与青岛啤酒的差距更大，2020 年相差 9.64%，2019年相差 8.21%。因此，无论年度经营获利能力还是股东投资回报能力，燕京啤酒远远弱于青岛啤酒，而且二者的差距有进一步加大的趋势。

我们再分析燕京啤酒盈利能力弱于青岛啤酒的原因。首先是毛利率，尽管二者的毛利率相差不大，但对于充分竞争的啤酒市场来说，毛利率相差 1 个百分点就会产生很大的影响。2020 年燕京啤酒的毛利率比青岛啤酒低 1.23 个百分点，这是导致其综合盈利能力弱于青岛啤酒的一个原因；其次是期间费用率方面的问题，燕京啤酒的期间费用率高于青岛啤酒，2020 年高出 3.15%，2019 年高出 2.36%。也就是说，要创造同样多的营业收入，燕京啤酒要比青岛啤酒投入更多的费用支出。正是由于以上两点原因，青岛啤酒无论在毛利率还是在费用率方面都比燕京啤酒有优势，最终导致青岛啤酒的盈利能力明显高于燕京啤酒。

在成长性方面，燕京啤酒的营业收入增长率、净利润增长率两年均低于青岛啤酒。在营运能力方面，无论存货周转天数还是应收账款周转天数，燕京啤酒都远远高于青岛啤酒。2020 年、2019 年燕京啤酒的存货周转天数分别为 209.96 天、200.49 天，而青岛啤酒分别为 70.33 天、61.47 天，青岛啤酒的存货周转速度比燕京啤酒高出两三倍，经营效率超出燕京啤酒一大截。

通过上述分析我们可以看出，青岛啤酒的营业收入是燕京啤酒的 2 倍多，净利润是燕京啤酒的 8 倍，且青岛啤酒无论盈利能力、经营效率都比燕京啤酒强很多。这也是在资本市场上，青岛啤酒更受欢迎的原因，其总市值也比燕京啤酒高很多。

那么，燕京啤酒要想缩小与青岛啤酒的差距，就必须在缩小毛利差距、降低期间费用占收入的比重、提高存货周转速度、扩大营业收入、增加利润等方面全面发力。

第 10 章

财报分析的四条主线
盈利能力、流动性及偿债能力、成长能力与现金流

对于企业财报分析，我们可以从四条主线展开。第一条主线是盈利能力分析，影响企业盈利能力的三个因素包括：经营获利能力、资产周转速度、财务杠杆水平。资产周转速度反映的是经营能力，财务杠杆水平反映的是偿债能力，因此，盈利能力三因素分析实际上包含盈利能力、经营能力与偿债能力分析，由于三者之间相互影响，所以我们对这三个方面进行集中分析。第二条主线是流动性及偿债能力分析，主要包括流动性分析和偿债能力分析。第三条主线是成长能力分析，我们重点从规模增长、效益增长和现金流增长三方面进行分析。第四条主线是现金流分析，重点分析现金流的"造血"能力、"输血"能力等内容。

10.1 盈利能力分析：经营获利、资产周转与财务杠杆

杜邦分析法最大的贡献是让我们通过公式直观地看到，影响一家企业盈利的因素包括经营获利能力、资产周转速度和财务杠杆水平。所以，我们以此为主线来解读企业盈利能力。

10.1.1 从经营获利、资产周转、财务杠杆三个角度分析盈利能力是更好的选择

对于企业盈利能力分析，我们总是侧重于那几个盈利能力指标的分析，比如销售净利率、毛利率、营业利润率、资产净利率、净资产收益率等，这些指标确实能够反映企业的盈利能力，但是这样的分析思路存在缺陷。从根本上来说，企业的综合盈利能力与企业的经营获利能力、资产的利用效率（资产周转速度）和资本结构（财务杠杆）有着密不可分的关系，所以，我们在分析企业的盈利能力时，应通盘考虑经营获利能力、资产周转速度与财务杠杆等因素，这样的分析才更全面（见图 10-1）。

我们通过杜邦分析法对净资产收益率的分解，就可以看出经营获利能力、周转速度、财务杠杆这三个方面对盈利能力的影响。

投资者最常用的业绩评价指标就是净资产收益率（ROE），计算公式为

$$净资产收益率（ROE）= \frac{净利润}{净资产}$$

净资产收益率用于衡量股东资本的使用效率，反映权益资本中每 1 元所获得的利润，也就是股东能从他们的投资资本中获得的收益率。净资产收益率公式可以分解为

$$净资产收益率 = \frac{净利润}{销售收入} \times \frac{销售收入}{总资产} \times \frac{总资产}{净资产}$$

$$= 销售净利率 \times 资产周转率 \times 权益乘数$$

经营获利能力

· 经营获利能力是影响企业综合盈利能力的关键因素

资产周转速度

· 资产周转的速度表明企业资产利用的效果，周转速度越快，创造的利润越多

财务杠杆水平

· 财务杠杆的提高会增加企业财务费用支出，也会提高财务风险，进而影响盈利能力

图 10-1　影响企业盈利能力的三个因素

由此可见，影响净资产收益率的三个杠杆因素就是：销售净利率、资产周转率、权益乘数。销售净利率反映了每 1 元的销售额中可以赚取的利润，集中反映利润表的业绩；资产周转率反映每实现 1 元的销售收入所需要投入的资产，集中反映公司对资产负债表中资产部分的管理能力；权益乘数反映股东每投入 1 元所能运用的资产，集中反映资产负债表中负债与所有者权益部分的管理。这三个因素是影响企业业绩的最重要的因素。其中权益乘数的计算公式为

$$权益乘数 = \frac{总资产}{净资产} = \frac{总资产}{总资产 - 负债}$$

$$= 1 \div \frac{1 - 负债}{总资产} = \frac{1}{1 - 资产负债率}$$

权益乘数是指总资产相当于净资产的倍数，权益乘数越大，表明所有者投入企业的资本占全部资产的比重越小，企业负债的程度越高；反

之，该乘数越小，表明所有者投入企业的资本占全部资产的比重越大，企业的负债程度越低，债权人权益受保护的程度越高。权益乘数与资产负债率都是反映企业财务杠杆的指标，权益乘数越大，资产负债率越高，财务杠杆越大。

10.1.2　经营获利能力分析：盈利的根本保证

投资活动能盈利，营业外收入也能给企业带来利润，但它们都不是利润的主要来源，企业盈利的根本保证还是通过经营活动创造利润。

通过经营主营业务获取利润，是企业利润最重要的来源，经营获利能力是企业综合盈利能力的根本保证。

我们主要通过销售净利率和资产收益率两个指标来介绍盈利能力的分析方法。

1. 销售净利率分析

销售净利率是一个非常重要的指标，也是非常常用的指标。其计算公式取自利润表中的科目。

$$销售净利率 = \frac{净利润}{营业收入}$$

销售净利率反映企业的定价策略以及控制成本费用的能力。销售净利率是反映企业经营业务获利能力综合性最强的指标。

分析销售净利率要考虑营业收入的可靠性、合理性与稳定性。营业收入是企业盈利的出发点，也是决定企业盈利能力的核心要素。营业收入的可靠性、合理性与稳定性对盈利能力的影响是巨大的。

我们必须对企业营业收入的总量、构成、稳定性及变化趋势进行分析。企业的营业收入一般包括主营业务收入和其他业务收入，分析营业收入水平、变动及构成的重点是主营业务收入的水平、比重及变动情况。

从营业收入的构成来看，只有主营业务收入占比高才是可靠的、合理的，假如其他业务收入占比最高，则表明企业的主业不突出，市场竞争力不强，收入的稳定性也不会高。从营业收入的稳定性来看，只有企业的主营业务收入保持较高比重，并且能够持续稳定增长，才能反映出企业的主营业务有稳定的市场基础、客户基础，同时说明企业的产品或服务受到客户的欢迎，市场竞争力比较强。

在各项收入状况明晰的情况下，应对各项业务的成本、费用支出情况加以细致分析，其重点是考查收入与成本费用是否匹配，成本、费用的变动趋势及支出的原则，并由此分析判断企业盈利的可靠性和盈利结构的合理性。

2. 资产收益率分析

销售净利率是从经营业务的角度衡量企业的盈利能力，而资产收益率是从投资的角度衡量企业的盈利能力。资产收益率的计算公式为

$$资产收益率 = \frac{净利润}{平均资产总额}$$

从资产收益率的计算公式来理解，它反映的是每投入 1 元资产所获得的利润是多少。资产可以看作企业的投入或者投资，净利润是产出，资产收益率就是反映企业资源投入的产出效益。

从另一个角度理解，资产收益率实际上是销售净利率与资产周转率共同作用的结果，用公式表示就是

$$资产收益率 = 销售净利率 \times 资产周转率$$

通常情况下，一家企业的销售净利率高，资产周转率就会低，或者是资产周转率低，销售净利率高，很少会出现一家企业的销售净利率高，资产周转率也很高的情况。这样的行业往往会吸引更多的竞争者进入，从而引发激烈的竞争，竞争的最终结果是盈利能力达到一种平衡。比如

一家经营批发零售的贸易型企业，其销售净利率通常比较低，但是资产周转率会较高。一家生产酿造高端白酒的企业，其资产周转率可能很低，但是销售净利率会比较高。

10.1.3　资产周转速度分析：经营效率提升盈利能力

资产周转速度看似与盈利能力无关，实际上二者存在必然的联系。通常情况下，资产周转速度快，不仅说明企业经营能力较强，资产利用效率高，还能提高企业的盈利能力。下面我们将重点介绍资产周转率、存货周转率、应收账款周转率等几个指标。

1. 资产周转率分析

资产周转率是影响企业盈利能力的第二个因素。资产周转率反映每 1 元的资产所带来的营业收入，计算公式为

$$资产周转率 = \frac{营业收入}{平均资产总额}$$

影响企业资产周转率的因素包括主营业务的属性和企业管理能力。主营不同业务的公司的资产周转率差别很大，比如主营商品零售业务的企业与制造钢材的钢铁企业，二者资产周转率差距很大，前者远远高于后者。另外，企业管理层在资产管理方面的创新能力也会带来资产周转率的差异，当竞争双方属于同一行业，经营同一类产品时，资产管理效率就是决定资产周转率高低的关键。

2. 存货周转率分析

存货周转率是反映存货周转速度、存货管理水平、企业产供销效率的指标。存货周转率的计算公式为

$$存货周转率 = \frac{营业成本}{平均存货}$$

我们可以这样理解这个公式：平均存货包括原材料、半成品、产成品、库存商品、辅料等，而营业成本仅仅是指销售出去的部分库存商品的成本。所以，已销商品成本占存货的比例越大，即存货周转率越大，表明销售货物的速度越快，消耗存货的速度越快，存货转化为销售收入的速度越快，这就是存货周转率最直接的含义。

在实务中大家会经常用到存货周转天数，这一概念更容易理解，存货周转天数的计算公式为

$$存货周转天数 = \frac{360}{存货周转率}$$

如果计算一个月或者一个季度的存货周转天数，该如何计算？以一个月为例，应用当月实际天数进行计算：如果一个月有30天，就用30除以存货周转率；如果有31天，就用31除以存货周转率。一个季度的计算同样如此，按照当季实际天数除以存货周转率即可。

对于存货周转率指标的理解，我们需要注意以下两点。

第一，存货周转率对于生产制造企业和货物批发、零售企业来说，非常有效，但是对于咨询服务、技术开发、技术服务以及其他非实物类产品企业来说，分析价值不大。

第二，存货周转率不一定越高越好。假如企业的存货周转速度过快，有可能是存货储备不足，生产能力不够，导致生产出来的产品跟不上销售的节奏，也有可能是供应链管理存在问题。比如2021年，生产厂家受到疫情影响，导致全球芯片供应链出现问题，无论是智能手机芯片、电脑芯片，还是新能源汽车芯片，均出现供应不足的问题。这种情况下会出现芯片厂家存货周转速度很快的假象，实际上是供应链出现问题。供

应链能力不足，会导致不能满负荷生产，开工率不足，严重影响产量，从而制约销量，最终降低企业的收入和利润，在这种情况下出现的存货周转速度快，未必是好事。

3. 应收账款周转率分析

应收账款周转率计算公式为

$$应收账款周转率 = \frac{营业收入}{平均应收账款}$$

$$应收账款周转天数 = \frac{360}{应收账款周转率}$$

应收账款周转天数反映企业的应收账款多长时间能够收回。周转天数越少，说明应收账款变现的速度越快，资金被外单位占用的时间越短，管理工作的效率越高。不同行业、不同产品、不同经营模式的应收账款周转天数都不一样。比如，2020 年电商行业的京东集团的存货周转天数是 33 天，而钢铁行业的宝钢股份的存货周转天数是 56 天，二者差距近一倍，但我们不能就此认为京东集团的应收账款管理水平一定高于宝钢股份，因为二者没有可比性。所以，对应收账款的分析与评价最好是在同类企业之间进行，同时，通过与自身历史数据做对比，也可以看出应收账款管理的成效。

4. 应付账款周转天数分析

应付账款周转天数又称平均付现期，是关于负债的营运性比率指标，反映公司需要多长时间付清供应商的欠款。计算公式为

$$应付账款周转率 = \frac{营业成本}{平均应付账款}$$

$$应付账款周转天数 = \frac{360}{应付账款周转率}$$

通常来说，应付账款周转天数越长对公司越有利，这说明公司可以更多地占用供应商货款来补充流动资金。在同行业中，该比率较高的公司通常是市场地位较强，在行业内采购量巨大的公司，且信誉良好，所以才能在占用货款上拥有主动权。但应付账款的周期过长，会影响公司在供应商中的信誉，不利于长期合作。所以，实际经营中应妥善管理应付账款周期。

5. 资产周转速度影响盈利能力的基本逻辑分析

我们怎样理解资产周转速度对盈利能力的影响？资产周转速度越快，表明每单位资产产生的收入越多，而收入越多，通常情况下获得的利润就会越多，自然盈利能力就会提高。具体来看，存货周转速度越快，表明从生产到销售的整个周期越短，生产的效率越高，销售的速度越快，带来的利润就越多，从而带动盈利能力的提升。从应收账款周转率来看，周转速度越快，表明销售回款越快。回款速度快，不仅可以改善现金流，更重要的是回款可以继续投入下一轮经营活动或投资活动，从而更快地创造新利润，自然提高了企业的盈利能力。从应付账款周转率来看，应付账款周期越长，表明企业占用供应商的资金越多，企业自身可利用的资金就越多，从而可以增加下一个循环的经营与投资活动，创造更多的收益。以上就是资产周转速度能够带来盈利能力提升的基本逻辑。

10.1.4　财务杠杆：杠杆对盈利产生影响的两面性

财务杠杆很显然影响盈利能力。从杜邦分析公式中可以看出，财务杠杆（权益乘数）的提高，会带来净资产收益率的增加，但是这种正面效应并不总是有效的。因为财务杠杆的提高可能导致两种问题：一是财务风险的提高，二是融资成本的增加。当融资成本高于投资收益率时，杠杆的负面效应就出现了。在很多情况下，高财务杠杆并不一定比低财务杠杆更有利于业绩的提升。

我们在分析比较两家公司的业绩时，假如两家公司的净资产收益率是一样的，但是其中一家企业的财务杠杆高，另一家财务杠杆低，很显然，财务杠杆高的企业利用杠杆效应带来了额外的收益，而杠杆低的企业没有利用杠杆效应。通常来说，杠杆低的这家企业的业绩更为可靠与稳健。

由于财务杠杆涉及偿债能力、债务风险，所以此处不做过多论述，我们会在下一节更深入地解读。

10.1.5　盈利能力分析的几点总结

无论做什么生意，赚不赚钱是首先要考虑的因素，如果不赚钱，就没有人愿意经营这样的生意。所以，从根本上说，盈利能力是商业企业生存的根本，失去了盈利能力，企业也就失去了存在的基础和价值。因此，财务分析中，对盈利能力的分析是最重要的部分，也是最基本的内容。

对于盈利能力的分析，我们做两点提示。第一，要分析影响盈利能力的主要因素，除了经营业务的盈利能力，企业的资产周转速度和财务杠杆因素都会对盈利能力产生重大影响。所以，在分析企业的盈利能力时，不仅要看利润表，而且要结合资产负债表的各科目进行分析，要弄清楚资产负债表的资产及负债对企业经营活动的影响。如果盈利能力强，但是应收账款回笼速度慢，财务杠杆过高，这样的盈利能力是要打折扣的。第二，分析企业的盈利能力，务必要清楚企业的盈利能力不能是短期的、偶然的、一次性的，持续盈利才是企业发展的保障，而持续盈利能力是建立在主营业务基础之上的，只有主营业务带来的盈利才是健康的、可持续的。

假如企业的利润来源于非经常性损益，其盈利能力是不能持续的。

当然，提升企业的持续盈利能力还要警惕一些风险因素，比如企业的利润过于依赖一两家客户，企业是否面临产业政策调整或技术标准变化后被淘汰的风险，企业对税收优惠或财政政策是否过于依赖，企业在某种专利技术上，是否存在纠纷或面临到期风险，企业的利润是否来自非经常性损益，等等。利润的来源比利润本身更重要，这不是一句空话。

10.2　流动性及偿债能力分析：结构与风险

流动性与偿债能力既有相关性，也有区别。

流动性和偿债能力强调财务能力的不同方面。偿债能力是衡量企业偿还各种到期债务的能力，既包括短期债务也包括长期债务。流动性主要与资产质量及变现能力直接关系，即手头是否有适量的现金或者容易获得的现金。比如一家企业的银行账户上有100万元的定期存款，负债也很少，却拿不出1万元缴纳房租，这就是看似偿债能力强，但流动性出现了问题。当然，如果流动性比较强，在一定程度上可以证明企业的偿债能力强。

对偿债能力的分析，我们提出从四个方面入手，就是从企业的负债结构到企业的资产质量，再通过盈利分析、现金流分析，最终对企业的整体债务风险和偿债能力形成一个客观、全面的评价。

10.2.1　流动性分析：变现能力决定流动性强弱

企业资产的变现能力直接影响流动性，流动资产占总资产的比重高，通常可以表示企业的流动性强，但也不能一概而论，还要看流动资产的构成情况。流动资产中变现能力最强的当然是货币资金，其次是交易性金融资产，应收票据、应收账款等都是流动性较强的资产。资产负债表左边"资产"的列示，就是按照流动性从高到低排列的。

我们可以从三个方面理解流动性。

第一，资产的变现能力。假如企业的资产全部都是货币资金，并且这些钱可以随时动用，那么这样的企业资产流动性是非常强的。当然现实中这样的企业极为稀少，大多数企业的资产构成都比较复杂，包括存货、应收账款、固定资产、在建工程等，这样一来我们判断资产流动性强弱的难度就增加了。我们需要分析资产的质量，比如存货是不是优质的且正在良性周转之中，应收账款是不是账龄都比较短且坏账率很小，等等。所以，分析资产的流动性，首先要分析资产的质量以及资产的变现能力。

第二，企业经营活动创造的现金流入能力。假如企业经营活动创造的现金流量比较大，也就是说企业的资金流入持续不断，在一定程度上可以表明企业的流动性比较好。当然这个现金流入必须是净现金流入，也就是经营现金收入减去经营现金流出的结余量。这就需要分析现金流量表的内容。

第三，流动性也需要进行科学管理。假如没有做好资金流动性管理，很可能会在某一个时间节点出现资金真空的状况，本来企业经营状况良好，但是由于资金收支预算没有安排好，到某一个时间点需要大量资金，这时候可能会导致短期的资金链断裂，甚至会给企业带来重大损失。所以，流动性不是自动形成的，需要进行专业的管理。

流动性的强弱反映企业偿债能力的强弱，但是偿债能力的强弱并不完全取决于流动性。企业的债务负担过重、资产负债率过高、偿债压力过大等情况都反映出企业的偿债能力较弱。同样地，对于偿债能力的分析，也不能紧盯着流动比率、速动比率、资产负债率、利息保障倍数等几个常用的指标，而是要同时关注盈利状况及现金流的状况。假如企业的经营状况一塌糊涂，常年亏损，即使资产负债率为零也不能证明这样的企业偿债能力强。

📍**案例 10-1**

A、B、C 三家公司的流动性分析

A、B、C 三家公司的流动资产明细及结构如表 10-1 所示，我们对比分析三家公司的资产流动性。

表 10-1　A、B、C 三家公司的流动资产明细及结构

（单位：万元）

	A 公司	比重	B 公司	比重	C 公司	比重
货币资金	50	50%	50	50%	25	25%
交易性金融资产	10	10%	5	5%	5	5%
应收账款	30	30%	20	20%	40	40%
存货	10	10%	25	25%	30	30%
流动资产合计	**100**	**100%**	**100**	**100%**	**100**	**100%**

三家公司的流动资产虽然都是 100 万元，但是流动性完全不同。C 公司流动性最差，其货币资金占比为 25%，低于另外两家公司，变现能力最差的存货占比为 30%，高于另外两家公司。

A 公司和 B 公司之间谁的流动性更好一些呢？二者的货币资金占流动资产比重相同，均为 50%，但是 A 公司的交易性金融资产[⊖]占比为 10%，高于 B 公司的 5%，而且 A 公司的存货比重也低于 B 公司，因此 A 公司的流动性要强于 B 公司。

综合对比来看，A 公司流动性最好，B 公司次之，C 公司最差。

我们还可以通过两个比率指标来评价流动性：流动比率和速动比率。

⊖　交易性金融资产通常为购买的股票、基金、理财产品等，属于短期投资，变现能力通常较强。

流动比率是流动资产与流动负债的比值，反映的是企业的流动资产对流动负债的保障能力，该比率可以大致反映企业的短期偿债能力。速动比率是流动资产剔除存货之后，再与流动负债的比率指标，又称为酸性测试比率，由于剔除了变现能力较弱的存货，所以速动比率比流动比率更为可靠。

对于流动比率和速动比率，我们要清楚其局限性。在流动资产中，其他应收款、预付账款等流动资产的质量仍需要深入分析，应收账款的质量也要结合账龄结构进行深入考查，只有流动资产的质量好，流动比率、速动比率的指标才有参考意义，同理，其他所有涉及资产科目的比率指标均要考虑资产的质量。

10.2.2　从四个方面综合考查企业偿债能力

偿债能力的表现不止一面，我们要从四个方面进行考查。

对于偿债能力的分析，不应当局限于传统意义上的几个偿债能力指标，比如资产负债率、流动比率、速动比率、利息保障倍数等，应该将影响偿债能力的其他财务因素考虑进去，综合考查企业的偿债能力，所以我们提出综合分析偿债能力要从四个方面入手：一是分析企业债务负担、债务构成及债务保障能力；二是分析资产质量及资产流动性；三是分析盈利状况；四是分析现金流状况。这四个方面考查的侧重点各有不同，但都对偿债能力产生重大影响。

下面，我们详细介绍这四个方面的分析思路，如图 10-2 所示。

第一个方面：考查企业债务负担、债务构成及债务保障能力。

首先，看债务负担。所谓考查企业债务负担，就是看企业当前承担的债务多不多，偿债的负担重不重，偿债的压力大不大。我们可以从两个指标入手分析债务负担，即资产负债率和产权比率。资产负债率是负债总额与资产总额的比率，反映企业整体的负债程度。如果资产负债率比较高，就表明企业的负债程度较高，债务负担较重，偿债压力大。产权比率是负债总额与所有者权益的比率，反映企业的总负债占所有者权益的比重，同样反映企业债务负担的大小。

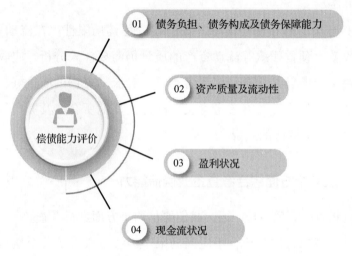

图 10-2　从四个方面考查企业偿债能力

其次，看债务构成。所谓债务构成，是指企业的负债都是由什么构成的，比如应付账款、应付职工薪酬、短期借款、预收账款、其他应付款、长期应付款等，不同的负债，偿付的压力是不一样的。我们重点分析有息负债和无息负债，有息负债是需要偿付利息的债务，无息负债不需要偿付利息；有息负债的本息刚性付款条件高，到期必须还本付息，比如短期借款、长期借款、应付债券等，而无息付款（如应付账款、应付职工薪酬、其他应付款等）的刚性支付条件相对于有息负债偏低。我们可以通过有息负债占总负债的比率来判断企业偿债压力，有息负债比率越高，企业的偿债压力越大。另外，负债中也有不需要现金偿付的债务，比如预收账款、专项应付款等，这些债务不需要现金偿还，所以偿债压力较小。

最后，看债务保障能力。债务保障能力分析要从企业利润对债务利息的保障能力、现金流对债务的保障能力入手。利息保障倍数指标反映息税前利润对利息支出的保障能力，EBITDA 利息保障倍数指标是指息税折旧摊销前利润对利息支出的保障能力。现金流动负债比率是经营活动产生的现金净流量对流动负债的保障能力指标。这些指标都是常用的考查债务保障能力的指标，保障倍数越高，偿债能力越强。

从以上内容可以看出，第一方面的偿债能力分析就是传统的偿债能力分析方法，但是仅仅考查这一个方面，显然是不够的，还需要从其他三个方面来分析。

第二个方面：考查企业资产质量及流动性。

资产的质量和流动性涉及资产的变现能力，也就是企业偿付债务时，能否拿出充足的资金来偿还本息。

对于资产流动性分析，可以参照 10.2.1 的内容。

考查资产结构，首先要看流动资产和非流动资产的占比哪个更高，如果非流动资产占比高，企业的资产流动性就会弱一些；然后看流动资产与流动负债的比率（即流动比率）的高低，如果该比率高，表明流动资产对流动负债的保障能力强。此外，可以计算速动比率，结合速动比率来分析短期偿债能力的强弱。速动比率高，表明企业的速动资产（即流动资产扣除存货的部分）对流动负债的保障能力强。如果速动比率低，则表明速动资产对流动负债的保障能力弱。速动比率比流动比率更为可靠，因为速动比率剔除了变现能力相对较弱的存货，尤其是生产制造、商业贸易、批发零售等行业的存货占资产比重较大，分析短期偿债能力和流动性更应该侧重分析速动比率。

分析资产结构，还要看企业能支取的现金及能随时变现的短期资产有多少，包括货币资金、交易性金融资产、应收票据等。计算这些可以随时变现的资金能否满足流动负债的偿付，是衡量企业短期流动负债风险的方法。

当然，还要对资产的质量进行分析，比如存货质量、应收账款账龄、固定资产的构成，等等。资产的质量虽然不是决定企业偿债能力最关键的因素，但也很重要。资产质量的分析主要考查资产的构成明细和市场价值：对于存货，要关注存货都是由什么构成的，是否有变现价值，是否正常周转；对于应收账款，要考查应收账款的账龄以及主要欠款客户的信用状况，如果账龄较长或客户信用状况差，应收账款的质量就比较差；对于固定资产，要分析固定资产的构成明细，是房屋建筑物还是机器设备、电子设备、运输工具，如果是房屋建筑物，当期的市价可能高于账面价值，如果是电子设备，市场价值可能很低，不同资产的价值是完全不同的；对于交易性金融资产，主要考查投资的是什么项目，是股票、基金还是其他理财产品，要关注其波动性及风险；对于长期股权投资，要关注投资的项目或企业，还要考查长期投资是否获得投资收益，是否属于企业转移资产；对于在建工程，主要关注工程项目是什么，工程进度如何，是否还需继续投入大量资金，是否即将完工等，这些都与企业后续的资金投入有关。

第三个方面：考查企业盈利状况。

持续亏损的企业不可能具有较强的偿债能力。亏损的企业是不可持续的，只有盈利才是企业长久发展的基础。我们可以通过销售净利率、销售毛利、营业利润率、净资产收益率等指标评价企业的盈利状况。盈利能力分析最重要的是关注主营业务的盈利能力，排除非经常性损益对盈利能力的影响。重点考查企业的可持续盈利能力。

盈利能力是企业生存和发展壮大的根基，只有持续盈利，企业才能积累更多的资金进一步发展，企业抵抗风险的能力才会更强，才会有更多的资金和资源提高偿债能力。

第四个方面：考查企业现金流状况。

企业的债务偿还从根本上说是需要用钱，所以现金流的状况最能够反映企业的偿债能力。现金流也是对企业盈利能力的一种验证，如果企业的营业收入和利润都能够及时转变为现金，那么企业的盈利质量比较高。对现金流的分析，重要的是分析经营活动创造现金的能力，经营活动产生的现金净流量越多，企业的经营状况越好。当然也要看投资活动和筹资活动的现金流量情况，如果企业的现金流量净额常年为负值，就表明企业的资金链存在缺口，资金风险高。

当然，我们可以通过与现金流有关的相对指标来分析偿债能力，比如现金流动负债比率。该比率是指经营活动产生的现金流量净额与流动负债的比值，反映的是企业经营获得的现金流对流动负债的保障能力。

特别提示：企业的偿债能力是一种综合能力，并非企业负债少、负债率低就是债务风险小，有些企业即使没有一分钱债务，也不一定风险小。也并非企业资产变现能力强就是偿债能力强，如果企业没有持续盈利的能力，没有持续创造现金富余的能力，那么仅靠资产的变现来偿还负债显然是杯水车薪，解决不了根本问题。所以，我们在分析偿债能力时，要坚持全面、动态的观点，要将债务负担、资产质量、盈利能力、现金流等多种因素考虑进去，这也是我们提出从四个方面考查企业偿债能力的初衷。

10.2.3　几个最常用的偿债能力分析指标

反映企业偿债能力的指标有很多，但是我们无须全部掌握，只需要把一些最重要的、最常用的指标理解透、运用好即可。结合多年的实际工作经验，笔者推荐掌握这样几个指标：流动比率、速动比率、资产负债率、产权比率、有息负债比率、利息保障倍数、EBITDA 利息保障倍数、现金流动负债比率等。这几个指标的计算公式及含义如表 10-2 所示。

表 10-2　偿债能力常用指标计算公式及含义

指标	计算公式	含义
①流动比率	流动比率＝流动资产÷流动负债×100%	反映流动资产对流动负债的保障能力
②速动比率	速动比率＝（流动资产－存货）÷流动负债×100%	反映企业以可迅速变现的流动资产支付流动负债的能力
③资产负债率	资产负债率＝负债总额÷资产总额×100%	反映企业债务负担高低、偿债压力大小
④产权比率	产权比率＝负债总额÷所有者权益总额×100%	反映负债占所有者权益的比重，反映企业债务负担大小
⑤有息负债比率	有息负债比率＝有息负债÷负债总额×100%	有息负债比率越高，企业偿还利息的压力越大
⑥利息保障倍数（EBIT/利息支出）	利息保障倍数＝息税前利润（EBIT）÷利息支出＝（净利润＋所得税费用＋利息支出）÷利息支出	反映企业获得的息税前利润对利息支出的保障能力
⑦EBITDA 利息保障倍数（EBITDA/利息支出）	EBITDA 利息保障倍数＝息税折旧摊销前利润（EBITDA）÷利息支出 EBITDA＝税前利润＋利息支出＋折旧＋摊销	反映企业获得的息税折旧摊销前利润对利息支出的保障能力
⑧现金流动负债比率	现金流动负债比率＝经营活动产生的现金流量净额÷流动负债×100%	反映企业经营获得的现金流对流动负债的保障能力

我们对这 8 个财务指标逐一进行解读。

（1）流动比率：流动资产与流动负债的比率，反映企业以流动资产支付流动负债的能力，也是一种流动资产对流动负债的保障能力。业界通常认为，流动比率高于 200% 时比较理想，但这不是标准值，应结合企业实际进行评价。

（2）速动比率：反映企业短期偿债能力的指标。速动比率剔除了变现能力较弱的存货，反映企业以可迅速变现的流动资产支付流动负债的能力，速动比率通常应不低于 100%。

（3）资产负债率：负债占总资产的比重，反映企业的资产中有多少的比例是负债，反映企业财务状况、偿债能力，以及衡量企业在破产清算时债权人的利益受保护程度。过高的资产负债率通常表明企业的债务负担较重，偿债的压力较大，企业的财务弹性较小，融资的额度和空间都会受限。

（4）产权比率：负债总额占所有者权益总额的比重，反映企业的负债程度高低。如果产权比率较高，表明企业的债务负担对企业自有资金的压力较大。企业可以将该指标与资产负债率结合起来分析。

（5）有息负债比率：有息负债占总负债的比重，比重越大，表明有息负债越多，企业还本付息的压力越大，财务风险越高。有息负债比率应和资产负债表结合起来分析，假如企业的资产负债率高，但是有息负债比率很低，表明企业的负债主要是由无息负债构成，企业的债务风险低，反之，如果资产负债率和有息负债比率都很高，表明企业的偿债压力大，财务风险高。

（6）利息保障倍数：又称已获利息倍数，是息税前利润（EBIT）与利息支出之比。该指标反映企业支付借款利息的能力，也就是企业获得的息税前利润对利息支出的保障能力。利息保障倍数一般应高于 3 倍，6 倍以上最佳。

（7）EBITDA 利息保障倍数：反映 EBITDA 对企业利息费用的保障能力。关于 EBITDA，在此我们做详细解释。

EBITDA 是指税息折旧摊销前利润，是 earnings before interest，taxes，depreciation and amortization 的缩写，即未计利息、所得税、折旧及摊销前的利润。这个指标是信用评级公司、银行等金融机构对客户信用等级评定的一个基本指标。EBITDA 的计算公式为

$$EBITDA = 净利润 + 企业所得税 + 利息支出 + 折旧 + 摊销$$

EBITDA 对企业利息支出的比率越高，即债务利息保障倍数越高，表明企业以自身可支配的现金对利息支出的保障能力越强，财务风险越低。

（8）现金流动负债比率：经营活动产生的现金流量净额与流动负债的比率。该指标是从企业现金流的角度考查企业的偿债能力，判断企业能不能获得足够的、正的现金流，从而保证对流动负债的支付，这是企业偿债能力非常重要的表现。

🎯 **案例 10-2**

顺丰控股偿债能力分析

顺丰控股股份有限公司（以下简称"顺丰控股"）是一家从事快递物流服务的公司，国内快递物流行业龙头企业。我们通过分析该公司三年的财务指标（见表 10-3），评价该公司的偿债能力。

表 10-3 2018 ～ 2020 年顺丰控股偿债能力指标

指标	2018 年	2019 年	2020 年
流动比率（%）	121.12	138.46	123.60
速动比率（%）	118.02	135.61	121.24
资产负债率（%）	48.35	54.08	48.94
有息负债比率（%）	46.07	46.34	33.66
利息保障倍数（倍）	10.11	9.24	10.87
现金流动负债比率（%）	20.70	29.44	27.09
流动资产（亿元）	319.38	428.97	516.77
流动负债（亿元）	263.69	309.82	418.09
存货（亿元）	8.18	8.82	9.87
资产总额（亿元）	717.65	925.35	1 111.6
负债总额（亿元）	347.01	500.42	544
有息负债（亿元）	159.88	231.91	183.1
利息支出（亿元）	6.44	9.01	10.17
利润总额（亿元）	58.67	74.26	100.39
经营活动现金流量净额（亿元）	54.58	91.21	113.24

资料来源：根据顺丰控股年报整理。

从整体上来看，顺丰控股的偿债能力尚可，三年间总体保持稳定，有息负债比率降低，资产负债率不高，偿债压力并不算大，不足之处是经营现金流对流动负债的保障能力不足。

具体来看，顺丰控股的流动比率、速动比率稳定性较好，由于顺丰控股属于快递物流服务行业，其存货较少，因此速动比率和流动比率相差不大，2020 年速动比率为 121.24%，比较高，资产的流动性较好，流动资产对流动负债的保障能力较强。2020 年资产负债率为 48.94%，较上年降低 5.14 个百分点，债务负担有所降低。在全部负债中，2020 年的有息负债占 33.66%，比上年减少 12.68%，有息负债的大幅减少，进一步降低了债务风险。2020 年的利息保障倍数较高，表明企业经营获利对于利息支出的保障能力较强。从现金流角度看，顺丰控股 2020 年的现金流动负债比率为 27.09%，较上年有所下降，这反映出顺丰控股的现金流对于流动负债的保障能力尚显不足。

10.2.4　EBITDA 利息保障倍数比 EBIT 利息保障倍数更有优势

我们重点对 EBITDA 利息保障倍数这一指标做深入解读。

EBITDA 这个指标在信用评级报告中经常出现，之所以 EBITDA 被信用分析师看重，主要原因是固定资产折旧与无形资产摊销的财务政策不同，会导致 EBIT 数据失真。

具体来说，假如两家属于同一行业的企业，其 EBIT 数值完全相同，但是其中一家企业的固定资产折旧政策是：折旧年限 20 年，残值率 10%，而另一家企业的固定资产折旧年限是 10 年，残值率是 5%。这两家企业在固定资产折旧政策上的差异，会导致每年计提的折旧费差异很大，进而影响每年的利润。那么问题来了，由于这两家企业固定资产折旧政策差异巨大，它们相同的 EBIT 数值所代表的经营业绩的内涵会是一样的吗？答案是否定的。

　　EBITDA 正是因为剔除了折旧摊销政策对利润的影响，所以比 EBIT 更能反映经营实质。尤其是两家经营业务相似的公司，当折旧摊销政策不同时，用 EBITDA 比 EBIT 更能反映企业的真实财务状况。EBITDA 利息保障倍数比 EBIT 利息保障倍数更能准确反映企业的偿债能力。

　　我们通过一个案例进一步解读这个观点。

📍 案例 10-3

甲、乙公司不同固定资产折旧政策财务业绩对比

　　我们来看甲、乙公司的财务数据，如表 10-4 所示。

表 10-4　2021 年甲、乙公司财务数据　　　（单位：万元）

	甲公司	乙公司
营业收入	150	180
营业成本	90	110
期间费用（管理费用、销售费用、财务费用）	30	40
其中：折旧与摊销	10.8	22.8
利息支出	5	5
税前利润	**30**	**30**
所得税（税率 25%）	7.5	7.5
净利润	**22.5**	**22.5**
资产总额	220	300
其中：固定资产	120	120
负债总额	108	147.2
资产负债率	49.09%	49.07%
EBIT（税前利润 + 利息支出）	35	35
EBITDA（税前利润 + 利息支出 + 折旧与摊销）	45.8	57.8
EBIT/ 利息支出	**7**	**7**
EBITDA/ 利息支出	**9.16**	**11.56**

　　注：1. 假设甲公司固定资产折旧政策为：残值率 10%，折旧年限 10 年；乙公司固定资产折旧政策为：残值率 5%，折旧年限 5 年。两家公司均无无形资产。

　　　　2. 不考虑其他因素。

通过表 10-4 可以看出，如果不考虑固定资产折旧政策的影响，那么甲、乙公司在 2021 年的净利润都是 22.5 万元，甲、乙公司的资产负债率分别为 49.09%、49.07%，二者相差无几。从 EBIT/ 利息支出指标来看，二者都是 7 倍，这样一来，两家公司的利息保障能力看似没有区别，几乎处于同等水平，但是真实情况是这样的吗？

我们需要分析折旧摊销费用属于什么性质的支出。从会计上看，折旧摊销费用是一项计提费用，这项费用的产生不需要支付现金，属于非付现成本支出。假如企业管理层出于避税的目的，采用加速折旧政策，即选择更短的折旧年限，更低的残值率，就会导致每年计提的折旧费更多，成本费用更多，当年的利润也会更少，从而能少交税。而有的企业可能选择更长的折旧年限，更高的残值率，就会导致每年计提的折旧费更少，每年的利润更高。难道仅仅由于选择的固定资产折旧政策不同（包括无形资产摊销政策），就认为利润高的公司比利润低的公司经营绩效更好吗？

很显然，一家企业的经营绩效和偿债能力，不能因为固定资产折旧政策和无形资产摊销政策的不同而产生差异，折旧摊销政策扭曲了经营实质。排除折旧摊销政策的影响，不同公司之间才更具备可比性，而 EBITDA 指标正是基于这一目的而设立的。

我们再看甲公司和乙公司的经营情况，两家公司虽然净利润相同，都是 22.5 万元，但是两家公司的折旧政策差异巨大。甲公司的固定资产折旧政策更为保守，选择的是 10 年折旧年限和 10% 的残值率，而乙公司选择了更为激进的固定资产折旧政策，即 5 年的折旧年限和 5% 的残值率，正是由于折旧政策的不同，甲公司当年折旧摊销费 10.8 万元，而乙公司高达 22.8 万元，后者比前者的折旧费用高出一倍多。

排除折旧摊销政策的影响，甲公司的 EBITDA/ 利息支出的指标数值为 9.16，乙公司的 EBITDA/ 利息支出指标数值为 11.56，很显然，乙公司的利息支出保障能力比甲公司更强。

最后，我们再总结两点。

第一，EBITDA/利息支出指标排除了折旧摊销政策对利润的影响，所以在不同企业之间比较利息保障能力时，可比性更强。尤其是对于两家经营业务相近、具有相同债务风险的企业来说。

第二，EBITDA 不仅在分析偿债能力时比 EBIT 更客观，更具可比性，而且在对比不同企业之间的盈利能力、企业价值时同样有效。比如，我们可以用 EBITDA/营业收入这个指标来对比案例 10-3 中甲、乙公司的盈利能力。经计算可知，甲公司 EBITDA/营业收入数值为 30.53%，乙公司为 32.11%，由此可以看出，在不考虑折旧摊销政策的情况下，乙公司的真实盈利能力显然要强于甲公司，这才是两家公司真实的经营状况。

10.3　成长能力分析：规模增长、效益增长与现金流增长

成长能力就是企业发展的能力，具体是指企业未来的生产经营活动的发展趋势和发展潜能。从形成方式上看，一个企业的发展能力，主要是通过自身的生产经营活动，不断扩大积累形成的，它主要依托于不断增长的营业收入、不断增加的资金投入和不断创造的利润等。

我们从规模增长、效益增长和现金流增长三个方面来分析企业的成长能力（见图 10-3）。规模增长是成长能力的外在表象，效益增长是从经营成果方面考查企业成长的能力，而现金流增长是从经营质量方面考查成长能力。效益增长与现金流增长是从价值增长角度考查企业的成长能力。

10.3.1　从规模增长角度分析企业成长能力

我们主要通过总资产增长率和营业收入增长率这两个指标分析规模增长。

图 10-3 成长能力分析的三个方面

1. 总资产增长率分析思路

总资产增长率是反映企业规模增长最直观的指标，企业的总资产增长率越高，表明企业规模扩大得越快，资产规模的扩大通常是企业努力经营的目标。但是要评价企业的资产规模增长是否适当，必须与营业收入增长、利润增长等指标情况结合起来分析。只有在企业的营业收入增长、利润增长超过资产规模增长的情况下，这种资产规模增长才属于效益型增长，才是适当的、正常的；相反，如果企业的营业收入增长、利润增长远远落后于资产规模增长，并且这种情况持续存在，则投资者应该对此提高警惕。因此，企业总资产增长率高并不意味着企业的资产规模增长就一定适当。

2. 营业收入增长率分析思路

营业收入增长率反映企业经营业务的扩张速度，这个指标越高，表明企业的业务发展越好，企业的产品和服务越受市场欢迎。因此，可以用营业收入增长率来反映企业在经营业务方面的发展能力。分析营业收入增长率，要通过历史变动趋势进行分析，结合市场占有情况、行业发展状况进行分析判断。假如整个行业处于下行趋势，则企业能够实现营业收入的正增长已经很不错了。营业收入增长率的高与低都是与整个行业的水平，尤其是同类公司的水平相比较得出的。

当然，对于规模增长指标，我们也无须局限于总资产增长率和营业收入增长率这两个指标，还可以从产值、产能、员工数量等指标入手，分析思路是相同的。

10.3.2 从效益增长角度分析企业成长能力

企业效益的增长速度是反映企业成长能力的重要方面。效益表现为营业利润、净利润、息税前利润等多种会计指标，因此，相应的收益增长率也具有不同的表现形式。我们通常使用的收益增长率指标包括：净利润增长率、营业利润增长率、息税前利润（EBIT）增长率等。

（1）净利润增长率。净利润是企业在一定期间内的最终利润，是经营业绩的结果。净利润增长率是企业发展能力的基本表现，通过此指标可以看出企业整体的盈利增长速度。

在分析企业净利润增长率时，应结合营业收入增长率或营业利润增长率共同分析。如果企业的净利润增长率高于营业收入增长率或营业利润增长率，则表明企业的产品盈利能力在不断提高，企业正处于高速成长阶段，具有良好的发展能力；相反，如果企业净利润增长率低于营业收入增长率特别是营业利润增长率，则表明企业成本费用的上升超过了营业收入的成长，反映出企业的成长能力较差。

（2）营业利润增长率。营业利润是不考虑营业外收入、营业外支出和企业所得税的利润，营业利润增长率反映企业营业利润的变动水平，是企业发展能力的基本表现。

在分析营业利润增长率（或息税前利润增长率）时，应结合企业的营业收入增长情况一起分析。如果企业的营业利润增长率高于企业的营业收入增长率，则说明企业的产品正处于成长期，业务不断拓展，企业的盈利能力不断提高；反之，如果低于营业收入增长率，则表明企业营业成本及期间费用等的上升超过了营业收入的增长，说明企业业务盈利能力不强，发展潜力值得怀疑。

（3）息税前利润（EBIT）增长率。所谓息税前利润是指不考虑利息支出和所得税的利润，用利润表中的数据计算就是：净利润 + 所得税费用 + 利息支出。息税前利润由于不考虑资本结构，不考虑所得税税率，因此在不同企业之间的可比性更强。

在分析收益增长指标时，应将企业连续多年的净利润增长率、营业利润增长率和息税前利润增长率指标进行分析，这样可以排除个别时期一些偶然性和特殊性因素的影响，从而更准确地揭示企业是否具有持续稳定的增长能力。

10.3.3　从现金流增长角度分析企业成长能力

传统的企业成长能力分析方法忽略了现金流数据，笔者认为，在四张报表中，现金流数据的可信程度要优于其他三张报表。虽然在上市公司财务舞弊案件中，有越来越多的公司对现金流数据动手脚，但就造假难度和造假成本而言，现金流比权责发生制下的利润表和资产负债表高得多，基于这一点，笔者更相信现金流量表数据。当然，由于现金流数据的编制依据与利润表、资产负债表不同，前者是收付实现制，后者是权责发生制，因此我们也不能用现金流量表的数据完全取代权责发生制下的数据，应该将二者结合，进行相互验证，这样分析得出的企业成长能力会更加客观。

从现金流角度分析成长能力，应重点分析两个指标："销售商品、提供劳务收到的现金"增长率和"经营活动产生的现金流量净额"增长率。

1. "销售商品、提供劳务收到的现金"增长率

这里的"销售商品、提供劳务收到的现金"是现金流量表中"经营活动产生的现金流量"中的一项，这项数据就是企业通过向客户销售产品，或者提供劳务收到的现金，现金的来源就是营业收入。

分析这个指标的思路主要是看增长率，如果增长率较高，则表明企业通过销售收入获得的现金回款速度比较快，当然也应该与营业收入的增长速度进行对比，正常情况下二者的增减变动是同向的，也就是说如果营业收入增长率较高，那么"销售商品、提供劳务收到的现金"增长率也应该高。假如营业收入增长率持续上升，而"销售商品、提供劳务收到的现金"增长率持续下降，有可能是企业的应收账款大幅增加，也可能是收入存在虚假成分。

2. "经营活动产生的现金流量净额"增长率

"经营活动产生的现金流量净额"是指企业经营活动收入减去经营活动支出的净额，这个指标的增减变动反映企业经营活动创造现金流量的能力，如果"经营活动产生的现金流量净额"增长率比较高，表明企业经营活动创造现金的能力强，也表明企业成长性强。

可以将"经营活动产生的现金流量净额"增长率与营业利润的增长率进行比较，如果企业"经营活动产生的现金流量净额"增长率与营业利润能同时持续增长，则表明企业发展能力强，而且发展质量高。反之，如果营业利润增长而"经营活动产生的现金流量净额"并没有增长甚至出现下滑，则表明企业的业绩增长质量较低。

10.3.4 分清"内生性增长"与"外延式增长"

企业规模的扩张，从动因看来源于两方面："内生性增长"和"外延

式增长"。所谓内生性增长，是指企业通过内部增加固定资产、扩充生产线、加大研发投入等方式提高企业的收入，扩大企业的规模。所谓外延式增长，亦称外延式投资扩张，是指通过兼并重组等方式收购外面的企业，从而扩大自身的规模。

内生性增长和外延式增长都能对企业的成长性产生影响，但影响程度有很大不同。内生性增长就是靠企业内在的动力促进企业的成长，大多数中小企业的成长要通过内生性投资来实现，因为外延式增长通常需要更大的资金规模和专业并购人才，而这通常是中小企业缺乏的。外延式投资扩张通常速度更快，但是并购方式的风险更高。一些大型集团企业或资金实力较强的上市公司比较喜欢借助资本的力量，通过外延式收购扩大自身规模，增强自身实力。

因此，我们在考查企业成长性时，要分清其动因属于内生性增长还是外延式增长。对于外延式投资增长，我们更应该关注从外部并购进来的业务板块与内部业务的融合情况，判断是否起到了 1+1>2 的效果。通过并购方式扩张企业，在团队融合、企业文化融合、经营理念融合等方面往往存在很大困难，新购进业务一旦出现经营不善，就可能会拖累核心业务的发展。

10.3.5　辩证看待企业增长：单纯的规模增长未必是成长能力强

企业的成长能力究竟如何，首先表现出来的是规模的扩大，包括收入的增长、现金流的增加、资产的增长、客户的增加等，但是，我们应该清楚，仅规模的扩大，并不能完全反映出企业的成长能力强，还要从以下四个方面考查企业的成长情况。

第一，规模增长，效益是否同步提升。

在企业营业收入增长的同时，要看营业利润是否在增长，如果营业利润增长的速度与营业收入增速相当或者高于营业收入增长的速度，说明营业收入增长的质量比较高。

营业收入增长的同时也要考虑资产的增长。收入属于企业产出，而资产属于企业的投入，从投入产出的角度分析，产出的多少、产出的效益与投入的多少相关。如果营业收入的增长速度高于资产的增长速度，则表明企业的成长性良好。相反，如果企业的资产增长率非常高，而营业收入虽然有增长，但增长率远远低于资产的增长率，则表明这样的销售增长情况并不乐观。

此外，企业规模增长的同时，也要结合体现盈利水平变化的指标来分析，比如营业利润率、总资产报酬率、净资产收益率等。如果营业收入、营业利润、资产规模都在增长，而且营业利润率及总资产报酬率、净资产收益率能够保持稳定且有所提升，那么这样的增长是有效益的，增长的质量也是良好的。反之，就要对规模增长的本质持怀疑态度。

第二，规模增长，企业价值是否增加。

我们通过净收益增长率近似描述企业价值的增长，净收益增长率是指留存收益增加额与年初净资产的比率。留存收益等于盈余公积和未分配利润之和。

在分析企业各项发展能力指标时，可以同时参考净收益增长率的变化情况，如果营业收入增长率、营业利润增长率、总资产增长率等指标均保持较好的增长态势，净收益增长率也在稳步增长，那表明企业发展能力较强，增长情况良好。

当然，采用净收益增长率指标分析发展质量时，需要注意一个问题：企业的发展必然会体现到净收益的增长上，但不一定是同步增长的关系，企业净收益的增长可能会滞后于企业的发展。

第三，规模增长，企业效率是否提高。

在企业规模扩大的同时，应考查企业的人均创利、人均创收是否增加，企业资金回款的速度、存货周转的速度、资金利用的效率是否得到增强。简单来说，企业效率就是"人尽其才，物尽其用"，只有单位时间内人力、物力创造出更多的价值，企业的效率才能提高，如果人浮于事，资源浪费，那么企业的经营效率不可能高。

没有经营效率的提高，企业增长的质量就会大打折扣。这种增长，不仅质量值得怀疑，也难以持续。

第四，规模增长，企业竞争能力是否增强。

企业的营业收入在增长，营业利润、资产也在增长，此外，我们还需要关注企业的竞争能力是否在增强。竞争能力主要通过将产品的市场占有率、市场覆盖率、产品竞争力、技术优势、企业竞争策略等指标与参与竞争的其他企业对比，从而体现出来。

在企业规模增长的同时，如果企业的产品、技术、市场地位、价格优势等都在增强，那么企业发展能力增强的实质内容就比较好。

总而言之，分析企业发展能力时，不仅要关注企业规模增长，还要考虑多种因素。企业在保持合理增长速度的基础上，只有增强可持续发展能力，全面提升自身的综合能力，才能形成良性的发展能力。

10.4　现金流分析："造血"与"输血"能力

现金流量表是反映企业现金流入流出状况的报表，我们可以通过现金流量表判断企业的现金流状况处于"造血"状态还是处于"失血"状态，筹资活动是为企业"输血"。

本节介绍现金流的两种常见分析方法：结构分析法和增长分析法。所谓结构分析法就是考查企业现金流来龙去脉的构成分析法，企业的钱从哪里来，流向了哪里。增长分析法就是分析一定期间内资金流入与流出的增减变动趋势。

10.4.1 通过现金流量表分析"造血"能力、"输血"能力与"失血"状态

判断一家企业的现金流是否健康，最简单的方法就是看企业的"造血"能力强不强，是不是处于"失血"状态，是不是主要依靠"输血"获取现金流。具体如图 10-4 所示。

经营活动创造现金流是最重要的"造血"途径

投资活动现金流能通过"投资收益"具有部分"造血"能力，但是一旦投资亏损就会导致"失血"

筹资活动现金流更多的是"输血"，只能应急，不能持续

图 10-4　现金流的"造血"能力与"输血"能力

现金流量表是反映企业现金流向的重要报表，而企业的现金流入、流出与结余状况恰好体现了企业健康程度。假如企业当期的"现金及现金等价物净增加额"为负值，就表明企业的现金流出量大于现金流入量，企业的现金流处于"失血"状态；假如为正值，就表明企业的现金流入量大于现金流出量，企业现金流的"造血"功能较强，企业的当期现金有富余，这是现金流状况健康的表现。

现金流量表主要由三部分组成，第一部分是企业经营活动现金流，第二部分是投资活动现金流，第三部分是筹资活动现金流。

经营活动创造现金流是企业最重要的"造血"途径。"销售商品、提供劳务收到的现金"来源于营业收入，而"购买商品、接受劳务支付的现金"对应的是采购支出（营业成本）。经营活动的现金流入与流出是企业经营活动的活力表现，二者的结余即"经营活动产生的现金流量净额"反映企业经营创造净现金的能力，假如该指标是正值，表明经营活动"造血"能力强，经营活动是健康的；假如是负值，表明经营活动现金净流出，企业处于"失血"状况，经营活动是不健康的。

投资活动现金流体现的是公司剩余资金的投资去向，比如企业通过兼并重组收购外部企业的股份，购买固定资产扩大生产规模，购买专利技术增强技术能力，等等。投资活动也具有一定的"造血"功能，即企业通过投资获得投资收益，投资收益就会给企业带来现金的流入，即为企业增加"血液"。但是一旦投资失败，企业的投资现金就会出现净流出，企业就会"失血"。仅靠投资获取现金流存在很大的不确定性，所以投资活动不是企业重要的"造血"途径。假如一家企业的现金流主要依赖投资活动创造，这样的现金流是不可靠的、不可持续的，也是不健康的。

筹资活动现金流是公司对外融资产生的现金流入与流出，筹资活动更多地体现出企业的"输血"能力。当企业经营资金不足时，就需要进行筹资活动，比如出售股权，增资扩股进行股权融资，通过银行贷款、发行债券进行债务融资等。假如企业的筹资活动创造的现金净流量为正值，则表明企业本期从外部进行资金"输血"，补充资金的缺口。企业筹资活动带来的现金流较多，也就是企业"输血"较多，表明企业的融资能力强、信用能力强，企业的"输血"能力强，但是通过筹资活动补充的现金流是有限度的，仅靠筹资活动补充经营所需的资金是不可持续的，也是危险的。假如债务融资金额过多，就会导致企业的负债率过高，债务负担过重，偿债能力减弱，最后必然降低企业的信用能力，后续再融资的难度会加大；假如股权融资过多，就会不断稀释企业的股份，也会削弱公司的控制权。所以，通过融资活动为企业"输血"，只能是应急行为，不能过分依赖。

10.4.2 通过现金流量表判断企业现金流健康状况的四个角度

通过前面的分析，我们可以从现金流量表的四个角度出发判断企业现金流的健康状况。

第一，从整个企业现金流看，假如企业全部现金净流量（即现金流量表中的"现金及现金等价物净增加额"）为负值，则表明企业收支不平衡，企业现金流的整体"造血"能力不足，资金链存在风险。

第二，从经营活动现金流看，经营活动现金流的"造血"能力强弱决定整个企业现金流的健康与否。经营活动是企业现金流最重要的"造血"中心，是企业的"心脏"，能否带来正的现金流对整个企业的现金流状况都会产生重大影响。

假如企业经营活动产生的净现金流为正值，表明企业经营活动的"造血"功能较强，经营活动现金流状况比较健康；反之，表明企业经营活动的"造血"功能比较弱，经营活动是不健康的。

第三，从投资活动现金流看，如果投资项目赚钱，则可以通过投资收益带来正现金流，但是如果投资活动投入的现金过多，一旦亏损，则会造成企业资金的短缺，增加资金链风险。

投资活动虽能带来现金净流入，比如投资获得正收益，但是这不是企业现金流的主要来源。投资规模的扩大程度，投资活动现金的投入额度，应与企业经营活动创造现金流的能力相适应。当企业经营活动的"造血"功能非常强大时，可以适当扩大投资活动的现金投入规模，反之，则应当缩减规模，以规避资金链风险。

第四，从筹资活动现金流来看，假如企业筹资活动带来的资金成为企业现金流的主要来源，就表明企业的现金流是危险的，因为仅靠外部融资难以持续。

从筹资活动现金流可以看出企业的"输血"能力。假如企业的现金流主要依赖于筹资活动的外部"输血"，而不是经营活动，这样的现金流状况是不健康的，因为依赖外部融资是有限度的。企业筹资活动"输血"规模较大，一方面可以证明企业的融资能力强，信用能力强，另一方面也会增加企业的财务风险，增加企业股份被稀释、企业控制权丧失的风险。

10.4.3　现金流的常用分析方法：结构分析法与增长分析法

现金流分析方法主要有两个：结构分析法和增长分析法。结构分析法是通过现金收支的构成来判断资金的来龙去脉，增长分析法是分析现金流各项目的增减变动状况。

1. 结构分析法

现金流结构分析包括现金流入结构分析与现金流出结构分析。现金流结构包括三个部分：经营活动、投资活动和筹资活动。如果企业现金流入的主要来源是经营活动，就表明企业现金流是健康的；如果不是靠经营活动流入，而是靠投资活动或筹资活动，就表明企业的现金流可能存在风险和问题，因为经营活动是企业的立身之本，而投资活动和筹资活动是难以持续为企业带来现金流入的。

📍 **案例 10-4**

青岛啤酒现金流结构分析

我们来看 2018 ～ 2020 年青岛啤酒的现金流结构，如表 10-5 所示。

表 10-5　2018 ～ 2020 年青岛啤酒现金流结构　　（单位：亿元）

项目	2020 年	2019 年	2018 年
经营活动现金净流量	49.53	40.17	39.92
投资活动现金净流量	−14.88	−3.48	−8.17
筹资活动现金净流量	−3.56	−7.69	−6.41
现金及现金等价物净增加额	31.09	29.00	25.34

数据来源：根据青岛啤酒年报整理。

我们通过青岛啤酒的现金流结构可以看出，青岛啤酒三年的现金及现金等价物净增加额均为正值，表明其现金是富余的。再看其现金流的来源，"投资活动现金净流量""筹资活动现金净流量"均为负值，而"经营活动现金净流量"每年都是正值，表明青岛啤酒每年的现金富余都是靠经营活动创造的，现金流的质量较好，企业创造现金流的盈利能力较强。

我们还可以再进行细化分析。

2018 ～ 2020 年青岛啤酒经营活动现金流入与现金流出结构如表 10-6 所示。

表 10-6　2018 ～ 2020 年青岛啤酒经营活动现金流入与流出结构

项目	2020 年		2019 年		2018 年	
	金额（亿元）	占经营现金流入的比重	金额（亿元）	占经营现金流入的比重	金额（亿元）	占经营现金流入的比重
经营活动现金流入构成						
销售商品、提供劳务收到的现金	322.49	94.85%	330.48	94.76%	318.81	94.95%
收到的税费返还	0.17	0.05%	0.19	0.05%	0.30	0.09%

（续）

项目	2020 年		2019 年		2018 年	
	金额（亿元）	占经营现金流入的比重	金额（亿元）	占经营现金流入的比重	金额（亿元）	占经营现金流入的比重
收到其他与经营活动有关的现金	17.33	5.10%	18.08	5.18%	16.65	4.96%
经营活动现金流入小计	**339.99**	**100%**	**348.75**	**100%**	**335.76**	**100%**
经营活动现金流出构成						
购买商品、接受劳务支付的现金	152.64	52.55%	164.51	53.31%	157.70	53.31%
支付给职工以及为职工支付的现金	44.71	15.39%	48.30	15.65%	46.17	15.61%
支付的各项税费	49.44	17.02%	52.11	16.89%	50.16	16.96%
支付其他与经营活动有关的现金	43.67	15.03%	43.66	14.15%	41.81	14.13%
经营活动现金流出小计	**290.46**	**100%**	**308.58**	**100%**	**295.84**	**100%**
经营活动产生的现金流量净额	49.53		40.17		39.92	

数据来源：根据青岛啤酒年报整理，由于四舍五入，部分汇总数据与实际数据总和有些微差距（加和不一定为 100%）。

从经营活动现金流入构成看，"销售商品、提供劳务收到的现金"比重三年均超过 94%，表明青岛啤酒经营现金流入以销售回款占绝对优势，企业的现金来源较为健康、可靠。

从经营活动现金流出构成看，"购买商品、接受劳务支付的现金"占最高比例，三年一直在 50% 以上；支付给职工的人工费用的比重在 15% ～ 16% 之间；支付各项税费的比重在 17% 左右；支付其他与经营活动有关的现金的比重在 15% 左右。总体上，青岛啤酒经营现金支出的构成相对较为稳定，企业的经营资金主要花在了采购成本与人工成本上。

2. 增长分析法

所谓增长分析，就是对企业资金流入的增长速度与流出的增长速度进行分析，通过分析增长速度可以看出企业赚钱的效率以及花钱的速度，通过分析现金收入增长率与现金支出增长率可以判断出企业的资金风险。

现金流增长分析，主要根据同比增长速度看企业现金流流入与流出的速度，从而判断企业的现金流是否存在风险。

我们从青岛啤酒经营活动现金流的增长情况来看（见表 10-7），经营活动现金流入在 2020 年出现小幅下滑，较 2019 年减少 2.51%。下滑的主要原因是销售商品、提供劳务的回款减少，减少了 2.42%。不过从经营活动现金流出情况看，2020 年也出现了下滑，下滑 5.88%。经营活动现金流出的下滑速度高于现金流入的下滑速度，所以 2020 年青岛啤酒的经营活动现金流量净额仍然出现了增长，同比增长 23.3%。

表 10-7　青岛啤酒经营现金流增长速度

项目	2020 年		2019 年		2018 年	
	金额（亿元）	增长率	金额（亿元）	增长率	金额（亿元）	增长率
经营活动现金流入构成						
销售商品、提供劳务收到的现金	322.49	−2.42%	330.48	3.66%	318.81	7.64%
收到的税费返还	0.17	−10.53%	0.19	−36.67%	0.30	7.14%
收到其他与经营活动有关的现金	17.33	−4.15%	18.08	8.59%	16.65	87.92%
经营活动现金流入小计	**339.99**	**−2.51%**	**348.75**	**3.87%**	**335.76**	**9.96%**
经营活动现金流出						
购买商品、接受劳务支付的现金	152.64	−7.22%	164.51	4.32%	157.70	8.51%
支付给职工以及为职工支付的现金	44.71	−7.43%	48.30	4.61%	46.17	6.70%
支付的各项税费	49.44	−5.12%	52.11	3.89%	50.16	−5.05%

（续）

项目	2020 年		2019 年		2018 年	
	金额 （亿元）	增长率	金额 （亿元）	增长率	金额 （亿元）	增长率
支付其他与经营活动有关的现金	43.67	0.02%	43.66	4.42%	41.81	2.53%
经营活动现金流出小计	**290.46**	**−5.88%**	**308.58**	**4.31%**	**295.84**	**4.83%**
经营活动产生的现金流量净额	49.53	23.30%	40.17	0.63%	39.92	72.66%

数据来源：根据青岛啤酒年报整理。

尽管青岛啤酒的经营现金净流量出现增长，但是其"销售商品、提供劳务收到的现金"在三年内出现同比下滑的迹象值得警惕。

对于现金流的分析，最常用的方法就是结构分析法和增长分析法，结构分析的目的就是要看懂企业现金流入与现金流出的来龙去脉，也就是企业的钱从哪里来，都花在了什么地方。增长分析法就是要分析企业的现金收入、现金支出、现金结余的增长速度，尤其要关注是否存在现金流出速度远远高于流入速度的情况，这样长此以往，会带来资金短缺的风险。所以说，通过现金增长分析可以判断企业的现金流是否存在风险。

10.4.4　现金流分析的几点提示

现金流分析已经被越来越多的投资者重视。在某种程度上，现金流量表的分析价值要高于资产负债表和利润表的分析价值，其原因是权责发生制存在一定的弊端。当然，在最近几年，上市公司财务造假案例中，现金流造假的现象也越来越多，所以对于现金流数据，我们当然要重视，但也不可轻信。

对现金流的分析可以从三个方面进行：分析企业资金的来龙去脉，

评价企业的信用能力，评估企业的价值。

　　第一，现金流分析就是看企业资金的来龙去脉。现金流分析的基本思路有以下三点：一是分析企业的现金从哪里来，是经营所得、投资所得还是融资所得，经营创造的现金流是立身之本；二是企业的现金花在了什么地方，企业花钱的方向是否符合企业的战略目标，是否取得了预期成效，资金流出的规模和速度是否超出企业的承受能力；三是企业的现金余额出现了什么变化，是正值还是负值，是增加了还是减少了（见图 10-5）。如果是正值，表明企业经营净流量是富余的；如果是负值，则表明企业是入不敷出的。现金余额如果持续增加，表明企业的资金面在不断向好；如果持续下降，表明企业的现金流在变差。

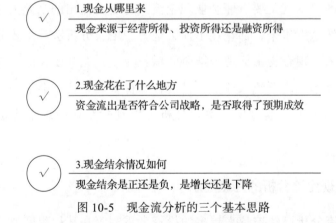

图 10-5　现金流分析的三个基本思路

　　第二，从现金流状况可以看出企业的信用能力。假如企业现金流量正常、充足、稳定，能支付到期的所有债务，公司资金运作有序，不确定性少，企业风险小，那么企业的信用能力就比较强；反之，企业信用差，债务风险大，在银行等金融部门的资信差，融资能力自然就比较低。因此，现金流量水平决定企业的信用能力。

第三，通过企业现金流水平可以评估企业的价值。在资本市场中，企业价值的大小往往通过现金流进行评估。在评估方法中，现金流量是决定性因素。也就是说，企业估值高低取决于企业在未来年度的现金流量及其投资者的预期投资报酬率。现金流入越充足，企业投资风险越小，投资者要求的报酬率越低，企业的价值越大。

第 11 章

有关财务分析思路、方法与理念的几点延伸思考

财务分析能力的提升是一个循序渐进的过程，并不是一蹴而就的，很多分析思路、方法和理念的掌握，需要一点一滴地累积，当我们由点到面，逐渐形成了系统性的思路时，就会豁然开朗。

11.1 企业财务分析与行业经营逻辑

每个行业都有自身独特的经营逻辑，企业财务分析必须摸透行业逻辑。

财务分析有个难点就是行业差别，不同行业有不同的经营逻辑，即使把财务报表所有的分析方法都烂熟于心，也未必能对一个完全陌生的企业做出有价值的财务分析，所以财务分析必须先摸透行业的经营逻辑。

如果你拿白酒行业的贵州茅台与零售行业的王府井集团股份有限公司（简称"王府井"）做对比，会发现令人诧异的现象。贵州茅台的存货周转天数高达 1 200 天，而王府井仅为 60 多天，你能就此认为王府井的存货管理能力比贵州茅台更强吗？显然不合适，因为两家公司完全属于不同的行业，贵州茅台的一瓶飞天茅台酒，从酿造、陈放、勾兑再到包装出厂，至少要经过五年的时间，而王府井的一件服装上架不到两个月就卖出去了。白酒行业不是靠存货周转快制胜的，靠的是品牌溢价带来的高毛利、高净利。贵州茅台的毛利率高达 90% 以上，而王府井的毛利率仅为 30% 左右。贵州茅台凭借超高的毛利率弥补存货周转速度慢的缺点，而王府井只能靠快速的存货周转速度获取更多的利润。

重资产与轻资产行业的特点也不同。重资产企业通常是先投资，如建厂房、买设备等都需要投入大量的资金，然后扩大产能，通过规模效应赚钱。所以我们会发现，重资产行业的企业，往往在成立的前几年不赚钱，但是只要销售业务保持较高的增速，随着规模的扩大，其盈利能力会逐渐提升。而轻资产企业的经营特点完全不是这样的。轻资产企业经营的产品或者服务如果有价格优势或技术优势，往往一上来就能够获得较高的利润。轻资产企业是靠成本领先、价格领先、技术领先、经营效率获胜。重资产行业存在资金壁垒、规模壁垒，而轻资产行业是依靠经营产品或服务壁垒和运营效率壁垒，二者的经营逻辑有很大不同。

我们先来看建材行业的财务特征。对建材行业影响最大的是房地产行业，房地产行业目前发展压力很大，"唇亡齿寒"，因此对当前建材行业的财务评价不能过于看重盈利指标，而应关注现金流指标。因为房地产开发商的融资渠道受限，现金流出现问题，所以拖欠建材企业的款项较多。所以，对于建材行业，我们更应该分析销售活动收到的现金与营业收入的比重，以及经营活动产生的现金净流量指标。

再看银行业的财报分析特点。银行业与传统的商业企业完全不同，银行是经营资金的行业。吸储放贷赚息差，是中国银行业的主要盈利模式。银行业财报分析的重点并不是利润，因为商业银行的利润比较容易操纵，银行的风险往往是后置的，一旦发生减值风险，很可能就吞噬掉之前的利润。所以投资者对银行业上市公司的估值，普遍更重视每股净资产而不是每股收益。对银行业的财报分析重点评估资产的质量，比如要看贷款组合结构、贷款质量、投资组合质量、高风险行业敞口占比、贷款损失准备规模等。

我们通过上述几个行业的例子，想说明一个问题：财报分析并不是单纯地分析企业的财务数字，而是必须研究清楚所属行业的特征，掌握不同行业的经营逻辑，把企业的财务状况与行业经营状况结合起来分析。这才是正确的财报分析思路。

11.2　怎样快速判断一家企业财务状况是否健康

有没有快速判断一家企业的财务状况是否健康的方法？从哪些方面入手来判断？本文从实战的角度给你三点建议。

判断一家企业的财务状况是否健康，可以从以下三个方面着手（见图11-1）：一是企业的资金是否充裕，资金主要来自哪里，简单地说就是企业账面上有没有钱，这些钱是自己经营赚的还是外部融资来的；二是企业的业务是否盈利，靠什么盈利，即企业赚不赚钱，靠什么业务赚钱，是不是主营业务；三是企业的管理层是否具有风控的意识和能力。如果没有风控的意识和能力，即使企业暂时有钱，而且业务赚钱，一旦遭遇经营困境和风险，就可能被击垮。前两个方面是从财务的角度判断，第三个方面是从企业经营理念的角度判断。

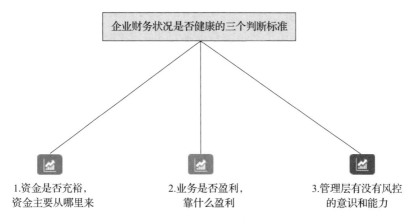

图 11-1　企业财务状况是否健康的三个判断标准

11.2.1　资金是否充裕，资金主要从哪里来

企业的财务状况是否健康，首先要看有没有足够的经营资金，那么判断资金是否充裕应该看什么指标呢？

首先，要看货币资金，以及可以随时变现的交易性金融资产。判断二者的合计金额是不是足够多，如果足够多，就表明企业资金充裕。那么合计金额是多少才算足够多呢？这个实际上没有统一的标准，不同企业所需的资金不同，但是我们可以通过货币资金（包括可随时变现的所有现金及现金等价物）与流动负债的比率判断，即通过现金流动负债比率判断。假如现金流动负债比率大于 1，我们可以认为企业的资金是可以覆盖全部流动负债的，资金是相对充裕的。

即使企业的资金很充裕，也并不能完全说明企业的现金流是健康的，还要看企业的资金从哪里来，也就是说企业现金的来源渠道是什么。如果企业现金主要来源于筹资活动，即借款、股权融资，就不能说明企业挣钱的能力强；如果现金主要是通过投资活动获取的，那也不可靠，因为一家经营型企业的投资活动毕竟是副业，不可持续。

只有通过经营活动（尤其是主营业务活动）创造出来的现金才是可靠的、可持续的，也是最健康的。所以，我们就看现金流量表中"经营活动产生的现金流量净额"这一项的金额是否持续为正，是否占公司全部现金净流量的比重高。

其次，要非常重视"销售商品、提供劳务收到的现金"这个指标，之所以说这个指标极为重要，是因为经营活动现金流量中，可能会有一些关联公司的往来款或者一些营业外收支资金，这些都在经营活动现金流量中统计，一旦这些资金金额过大，就会导致经营活动现金净流量的数值失真，也就是说，假如企业的经营活动现金净流量为正，不是由于"销售商品、提供劳务收到的现金"多，而是由于收到的关联公司的往来款多，或者是收到的营业外收入多（这些一般计入"收到其他与经营活动有关的现金"），这样的经营活动现金净流量即使为正，也不能说明经营活动现金流量好，反之亦然。

企业的现金流，只有当来自经营活动的净现金流有盈余时才是健康的。主要依靠筹资活动或投资活动创造现金流的企业一定不是健康的。

11.2.2　业务是否盈利，靠什么盈利

通常而言，一家利润为正的企业的财务状况不一定是健康的，只有能够持续盈利的企业才是健康的。

那么，盈利看什么？首先看赚不赚钱，也就是利润表中的"净利润"是正还是负，正表示赚钱，负表示亏损。当然，仅仅是净利润为正，也不能完全断定企业的业务是健康的，还要看企业的利润来源于哪里，也就是要看企业靠什么赚钱。

企业利润的来源渠道有很多，但总体可以分为两类：经常性损益和非经常性损益。经常性损益就是企业的主营业务损益，而非经常性损益就是与主营业务无关的其他损益，包括营业外收入、投资收益、非货币性资产交换利得等。我们只需要从净利润中扣除非经常性损益，得出的结果就是我们常说的"扣非净利润"。"扣非净利润"能更好地反映企业盈利的质量，只有"扣非净利润"为正，才能说明企业是真正的挣钱，"扣非净利润"才是可靠的、可持续的利润指标。

因此，只有企业有盈利时，财务才是健康的，而且这种盈利必须是扣除非经常性损益之后的盈利。能够持续保持扣除非经常性损益之后的持续盈利能力，企业的经营业务才是健康的。

11.2.3　管理层有没有风控的意识和能力

风控就是企业风险控制。经营一家企业，在获取收入、创造利润的同时，很大程度上也是在经营风险、管理风险。那么，我们如何判断一家企业的风控水平呢？

首先看企业管理层有没有风控意识，如果有风控意识，那么企业在管理制度、内控制度、决策机制等方面都会比较健全，对于企业经营中面临的主要风险，有意识地建立起必要的"防火墙"。尤其是对于生死攸关的重大风险点都会"重兵把守"，投入更多的人力、物力来防范风险发生。

风险控制，有意识只是第一步，能不能做好风控，还要靠能力。

那么，怎样判断企业是否有风控的能力呢？首先，要看企业风控制度的执行能力，即执行是否坚决，是否到位；其次，要看风控管理的结果怎么样，是否成功规避过可能发生的风险，是否成功化解过已经发生的风险，是否达到风控的目标。简单地说，是否有风控管理的成功经验，是判断一家企业风控管理能力优劣的重要方面。

总而言之，有良好的现金流，具有持续获利的能力，风控管理也比较完善，具备以上三点的企业就是财务健康的企业。但财务健康，只能证明企业能够活下来，要想成为卓越的企业，还必须具备核心竞争能力，必须拥有卓越的团队，并且处于快速发展的行业赛道上。

11.3 净资产收益率的九大局限性

净资产收益率（ROE，又称股东权益报酬率、权益利润率等）是一个非常重要的盈利能力指标，这个指标对于分析股东权益的回报水平很有用，但是我们也不能过于迷信这个指标，事实上，净资产收益率存在很大的局限性。

在投资者心目中，净资产收益率的地位非同小可，无论会计界还是投资界，都对净资产收益率指标推崇备至。之所以净资产收益率如此受重视，主要原因有两点：一是杜邦分析法的出现。自从20世纪20年代杜邦分析法被广泛应用于财报分析之后，会计界惊奇地发现，净资产收益率居然能够完美地把销售业务获利能力（销售净利率）、资产周转速度（资产周转率）和财务杠杆（权益乘数）结合起来，一个指标可以综合反映三方面的财务能力。自此以后，净资产收益率被会计界、投资界广为传播，并备受推崇。二是股神巴菲特的"推波助澜"。巴菲特说过一句话，"如果非要我用一个指标进行选股，我会选择净资产收益率（ROE）"。这句话在投资圈影响巨大。

当然，我们承认净资产收益率是一个十分重要的指标，但是必须认识到它也有局限性，不能想当然地认为一个较高的净资产收益率就一定优于较低的净资产收益率。实际上，即使排除财务舞弊、数据注水行为，净资产收益率仍然存在以下 9 个方面的局限性。

1. 净资产收益率反映的是静态的、历史的业绩，具有滞后性

净资产收益率是根据当期利润和所有者权益数据计算的，是静态的、过去的数据，反映的是已经发生的历史业绩。

更重要的是，净资产收益率的变化滞后于基本面的变化，即当企业的经营形势已经恶化、经营状况出现颓势时，净资产收益率并不能及时地反映问题，净资产收益率的数值有可能仍然维持在高位状态。如果我们不了解企业的实际经营状况，仅仅依据过往和当下的净资产收益率表现，就判断这是一家值得投资的公司，期望得到不错的投资回报，最后可能会事与愿违。

通常情况下，公司基本面的变化会早于净资产收益率的变化，无论变好还是变坏。因此净资产收益率可以在事后用来解释以往发生的现象，但并不具有预测未来投资回报的能力。

2. 净资产收益率的结果掩盖了风险因素

如果仅看净资产收益率的高低，有可能会忽略其中暗含的风险因素。因为影响净资产收益率的因素之一就是财务杠杆，假如企业净资产收益率较高是由很高的财务杠杆带来的，那么这样的净资产收益率的质量值得警惕，因为高杠杆带来高风险，进而给企业的经营带来很大的不确定性，过高的财务风险有可能带来资金链的断裂，由此带来更大的利润损失，这样的高收益存在一定的隐患。

净资产收益率指标本身仅反映收益水平而忽视风险因素，所以它作为财务业绩的衡量尺度是不全面的。真正高质量的净资产收益率必须是由较高的销售净利率或资产周转率带来的，同时财务杠杆保持在适度的水平。

3. 净资产收益率是账面价值呈现的业绩，存在资产质量失真的问题

净资产收益率的计算公式为

$$净资产收益率（ROE）= 净利润 \div 净资产 \times 100\%$$

而净资产＝资产－负债，从上述公式中可以看出，资产的质量直接影响净资产的质量，假如企业的存货、应收账款、其他应收款、长期股权投资、预付账款、商誉等资产的质量较差，必然导致净资产的质量差，继而导致净资产收益率数值失真。

另外，由于资产是依据历史成本计价入账的，因此会出现资产被低估的现象。以固定资产为例，假如账面固定资产是房地产，有可能房地产已经升值了很多，其市场价值远远高于账面资产价值计提折旧之后的净值，这也会导致账面资产被低估，从而导致净资产被低估，由此影响净资产收益率的真实性与可靠性。

所以，账面资产的质量，以及历史成本法导致的资产账面价值与当前市价的偏差，可能会导致净资产的数据失真，进而导致净资产收益率指标失真。

4. 净资产收益率没有经过现金流的检验，利润质量无法保证

净资产收益率的计算以利润表的净利润为依据，并没有考虑到现金流的问题，所以盈利质量并没有通过现金流的检验。假如按照权责发生制计算出来的利润，并没有带来相应的经营活动现金流量的富余，这样的利润质量是不高的，这样的净资产收益率的数值也是不可靠的。

所以，仅仅凭借净资产收益率就判断一家企业的业绩好坏可能会失之偏颇。

5. 净资产收益率没有考虑非经常性损益

净资产收益率是根据净利润数值计算的，而净利润包含非经常性损

益，假如非经常性损益在净利润中的占比较高，这样的利润也是不可靠的，因为非经常性损益本身就有偶然性、不可持续性的特点。

所以，分析净资产收益率指标应考虑非经常性损益，可以参考扣非之后的净资产收益率指标。

6. 净资产收益率计算公式中分子与分母存在逻辑上不完全匹配的问题

在净资产收益率计算公式中，分母是净资产，分子是净利润，净利润是由权益资本和债务资本共同创造的，但是净资产收益率的分母仅仅考虑了权益资本（即净资产），并未考虑债务资本带来的收益贡献。净资产收益率是反映权益资本收益高低的情况，而净利润并非全部由权益资本创造，而是由权益资本和债务资本共同创造的，这就出现分子与分母在逻辑上不完全匹配的问题。

我们举个简单的例子来说明这种逻辑上不完全匹配的问题。假如张三和李四两人合伙做生意，张三出资 200 元，李四出资 150 元，两人合伙共计赚了 100 元利润，我们在计算张三的投资收益率时，假如用 100 元利润除以张三的投资额 200 元是不合适的，因为这 100 元利润并非张三一个人赚的，而是张三和李四共同赚的，但净资产收益率的计算就是用 100 元除以张三的投资额 200 元。所以说，该计算公式在逻辑上存在一定的不完全匹配之处。

7. 净资产收益率不适合评价亏损性企业

假如企业处于亏损状态，净利润为负值，净资产收益率就没有实质性的参考价值了。实际上，亏损企业中也有很多值得投资的好公司。比如电商企业京东集团，在上市之后的很多年一直处于亏损状态，直到最近几年才略有好转，但在亏损期间，京东集团仍然受到投资者的推崇，市值一路走高。包括美国电商企业亚马逊公司，也是在相当长的时间内都是亏损的，但是投资者认可其商业模式，仍然持续投入资金，后来也获得了丰厚的回报。如果单纯地用净资产收益率来筛选投资标的，可能会错失这些成长性公司。

8. 股东分红会带来净资产收益率提升的假象，实际经营并未改善

企业年终进行现金分红，减少未分配利润，减少所有者权益，而所有者权益的减少，导致净资产收益率计算公式中的分母变小，从而抬高了净资产收益率数值。但是这样的净资产收益率的提升，实际上和企业经营的改善没有任何关系，并不能说明企业的业绩有改善。

所以，我们在分析净资产收益率时，必须考虑股利分配带来的净资产收益率被动提高的情形，不能简单地认为净资产收益率上升就是业绩改善的标志。

9. 股票回购产生的库存股会导致净资产收益率虚高

还有一种情况值得注意，那就是库存股是股东权益的一个减项。库存股越大，股东权益越小，净资产收益率就会越高。

那么库存股是什么呢？实际上，库存股就是公司回购过来尚未注销的股票。如果公司管理层大量回购股票，那么整个公司的库存股就会变得很大，股东权益就会变小，甚至可能出现为负的情况。股东权益变小，净资产收益率计算公式的分母变小，这自然会导致净资产收益率虚高。

所以，当存在库存股或者上市公司即将回购本公司股份时，应该考虑到其对净资产收益率的影响。

几点结论：

以上关于净资产收益率九个方面的总结，是为了帮助大家更客观、更全面地理解和掌握净资产收益率的功能与含义。但无论如何，我们不能否认净资产收益率的重要性，在所有体现企业盈利能力的指标里，净

资产收益率仍然是一个综合性最强、最有代表性的业绩评价指标。

需要特别说明的是，我们对净资产收益率的分析和应用，不要只看其数字的大小，而是要分析净资产收益率指标变动的趋势，以及数字变动的原因。我们在做财务分析、投资分析时，也不能仅仅考查净资产收益率这一个指标，而是要结合其他指标，包括表外因素，进行综合研判，找到指标背后的经营逻辑，分析指标反映的企业经营的真实状况，从而为投资、经营决策提供可靠的支持。这才是理解和运用净资产收益率的正确之道。

11.4　现金流一定比利润更重要吗

对于现金流与利润的评价，我们应该将它们放在不同的角度分析。

企业经营有两个非常关键的目标：一是为股东提供满意并且能够持续增加的利润；二是维持必要的现金流，以保障企业经营管理的正常运转。

我们都知道，一家企业即使亏损，只要现金流充足，仍然能够正常经营，但是一旦现金流中断，即使有再多的利润，企业也会瞬间陷入困境。现金流关乎企业的生死存亡，当然非常重要，不过我们还应该从更多的角度来看待现金流和利润的关系。

我们可以从三个角度对现金流和利润的重要性问题进行探讨。

第一个角度：从企业生存的角度看，现金流当然排在第一位。无论企业的业务经营是盈利的还是亏损的，一旦资金链断裂，企业就会无法运转。现金流是企业维持生存的第一要务，当然比利润更重要。

第二个角度：从企业发展的角度看，盈利比现金流重要。对于企业经营者来说，首先要考虑的问题是企业的长远发展问题。企业要发展，就要考虑战略目标、发展方向，要考虑投资什么领域，什么项目能赚钱，持续的盈利能力才是企业发展的根基。在考虑企业发展战略时，盈利是第一位的，现金流是第二位的。

第三个角度：从投资的角度看，盈利能力和成长潜力是第一位的。假如你是投资者，你在考察一项业务是否具有投资价值时，优先考虑的因素应该是什么？通常是这项业务未来的获利机会和发展前景。一项业务能否持续经营下去，最重要的是赚不赚钱，即使短期内现金流表现不好，只要未来具有很大的盈利潜力，仍然会有投资者愿意投资。

现金流的问题确实关系到企业的生死，但是盈利才是关系到企业长期发展的根本问题。从生存角度看，当然现金流比利润更重要，但是企业能不能成长起来、能不能发展壮大、具不具备长期投资价值，仍然要看盈利的潜力。

11.5 从柏拉图的"洞穴隐喻"看财务分析认知的五个层次

财务分析的认知能力是分层次的，柏拉图的"洞穴隐喻"思想，能够帮助我们认清五个层次。

古希腊伟大的哲学家柏拉图认为，每个人都是被关进自己认知框架内的囚徒。他在《理想国》用一个著名的"洞穴隐喻"来解释人类认知的局限性。而"洞穴隐喻"的智慧，也为我们进行财务分析带来很大启发，能够帮助我们突破财务分析的认知层次。

"洞穴隐喻"的内容是这样的：

有一群囚犯置身于一个洞穴中，他们手脚都被捆绑，身体也无法转身，只能背对着洞口。他们面前有一堵白墙，身后燃烧着一堆柴火。在那面白墙上，他们看到了自己以及从身后到火堆之间的事物的影子。由于他们看不到任何其他东西，这群囚犯以为影子就是真实的东西。最后，一个囚犯挣脱了枷锁，并且摸索着出了洞口。他第一次看到了真实的事物，于是返回洞穴并试图向其他人解释，说那些影子其实只是虚幻的事物，并向他们指明了光明的道路。但是那些囚犯认为，这个人似乎比他逃出去之前更加愚蠢。囚犯们向他宣称，除了墙上的影子，世界上没有其他东西了。

柏拉图通过此哲学寓言告诉我们：

（1）人类的发展是从黑暗走向光明，从无知走向知识，从被束缚状态走向被拯救状态的过程。人们必须努力摆脱现实世界的桎梏，进入真实而永恒的理智世界，从而实现灵魂的转向。

（2）人类其实是身处洞穴之中、被绑住手脚的囚犯，所看见的只不过是被真理之光所映照出来的影子。

（3）客观现实是，人类无论在任何时候，只能够感知到这个世界的很小一部分事物。

"洞穴隐喻"给财务分析带来的最大启示就是：理解、分析财务数据不要只懂其一更要懂其二；不要只看一个点，还要看一整面；不要只看一层，而是要看多层。真正读懂财务数据，需要不断提高我们对数字、对企业、对行业、对国家、对世界的认知，我们不能紧盯微观层面，更要拓展我们的思维边界，看到更远的宏观层面。

我们来揭示财务分析需要突破的五个认知层次。

第一层次：看懂财务数据的基本含义。

我们能够看懂资产、负债、所有者权益、收入、成本与利润，看懂这些数字所表达的基本含义，是财务分析的第一步。通过这些数字，我们知道企业的财务状况、经营成果有了哪些变化，企业的经营是变得更好了还是更糟了，财务风险是升高了还是降低了，最终的结果是否达到了我们的预期，等等。

这是财务分析最浅层次的分析，因为我们看到的财务数字也许只是假象，所以我们不可轻易地下结论。我们必须努力地进行下一层次的分析，那就是搞懂财务数字背后的真相。

第二层次：看透财务数字背后的真相。

去伪存真，探寻财务数字的真相，是财务分析者必须具备的技能。分析企业资产的质量，企业债务的实质，企业收入、利润的含金量，以及现金流量的真实富余，挤掉财务数据中的水分，还原财务数据的本来面目。这样，我们才能看清企业的经营是"真功夫"还是"假把式"，是"筋强骨壮"还是"打肿脸充胖子"。

第三层次：看懂企业的经营本质。

我们看透了财务数字的真相，也不能证明我们真正读懂了企业的财务数据，还必须看懂财务数据所附着的企业实体，看透企业经营的本质。企业真实的经营状况如何？企业的管理水平如何？企业的战略定位是否准确？企业经营所得是否来源于其核心竞争力？企业资产负债结构的改善、盈利能力的提升、现金流是否来源于企业预定的战略？

"皮之不存，毛将焉附"，数据是"毛"，企业实体是"皮"，只有将企业的财务数据与企业经营管理活动结合在一起，才能"咀嚼"出财务数据真实的"味道"来。

第四层次：看懂行业的本质。

虽然我们看懂了财务数据、企业经营的本质，但我们的认知仍然停留在"洞穴"里，我们看到的只不过是"洞穴"里的影子、火把，只有走出"洞穴"，才能看到更真实的世界。

走出企业这一微观个体，看到整个行业的情况，才能让我们对财务数据有更深刻、更真实、更全面的认识。

每一个企业都生存在自己所处的行业环境中，在大多数情况下，行业的兴衰对一个企业的生死存亡会产生重大影响。而行业的竞争格局，如市场进入、退出的壁垒，市场需求的增减变化等，无时无刻不在影响着企业的发展。

所以，我们必须跳出单个企业的经营环境，扩大我们的视野，通过行业看企业，更容易看懂企业经营的本质。

第五层次：看懂行业背后的国家战略、宏观经济乃至国际竞争、国际金融、国际贸易。

行业发展的背后是国家战略、宏观经济。国家的财政政策、金融政策、产业政策，都是国家宏观调控的手段。只有看懂国家战略，懂得宏观经济发展的现状与趋势，才能更深入地理解行业的发展现状与发展趋势。

当然，国家战略、宏观经济也与国际竞争形势、国际金融环境、国际贸易等情况紧密相关，所以读懂宏观经济还要放眼世界，放眼全球，洞察世界政治、经济的变动态势，从而为理解行业经济、企业运营提供更广、更深的视野。

柏拉图的"洞穴隐喻"告诉我们，每个人分析问题、理解世界都会受到自身认知水平的限制，只有不断拓宽我们的认知边界，提高我们的认知能力，才能看到事物更真实的一面。财务分析工作表面上是非常微观的工作，但仍需要我们具备宏观的思维，提高我们的认知深度和广度。对宏观层面的认知越深刻，微观层面的分析和评价才更立体、更丰富、更有说服力。

第 四 部 分

发掘财报真相

逻辑判断，多维验证

这一部分的内容属于"真相篇"。财报分析的过程，实际上是研究企业的过程，是识别假象、发掘真相的过程。

我们在第二部分和第三部分详细介绍了如何理解财务报表、树立财报分析的理念，以及分析财报的思路、方法和技巧。这些都是正常的财务报表分析技能，遗憾的是，在实务中，有很多财务报表被人为粉饰，存在虚假记载的问题，导致财务数字偏离了真实的经营状况。尤其是一些上市公司的财务舞弊手法越来越隐蔽、越来越复杂，这就给我们识别、分析财务报表带来了很大的挑战。这在客观上要求我们，不仅要善于分析真实的财务报表，而且能够识别虚假的财报。

任何财务数字的操纵行为都会留下蛛丝马迹。只要掌握了财务造假者的套路、模式和惯用的操作方法，通过报表内财务数据之间的逻辑关系，结合造假者的行为特征与财务数字进行逻辑判断，对表内和表外的信息进行加工、研判，识别可能存在的虚假信号，再通过正面、侧面多个维度调研验证企业的信息，最终都能够找到企业财务数字的真相。

第 12 章

粉饰财报的套路
"化妆术"与"整容术"

"化妆术"和"整容术"是两种性质不同的财务数字操纵术。

传统的化妆术是使用化妆品在面部、皮肤表面进行涂抹，只是适当改变了外部容颜，并未伤筋动骨；而整容术是利用医学手段实施削骨割皮的物理性手术，通过创伤性侵入肌体实现面部和形体的美丽。

我们把财务数据的粉饰行为分为"化妆术"和"整容术"两种形式。所谓"化妆术"式财务修饰，是指并未完全改变数据实质，只是在会计准则的范围之内进行适当的数据调整，有合理的部分，部分可接受。所谓"整容术"式财务修饰，则彻底地改变了会计数字的实质内涵，是一种彻头彻尾的会计舞弊行为，也是违法行为。这是两种性质不同的操纵手段。

根据《中华人民共和国会计法》和《企业会计准则》的要求，企业必须编制真实的会计报表，客观反映企业的财务状况，不进行任何违规、违法的财务数据粉饰行为。

12.1 修饰数据是"化妆术"：部分可接受

"化妆术"是未完全改变数字实质内涵的修饰行为，在一定限度内，部分可接受。

我们把轻微修饰财务数据的行为比喻为"化妆术"，也就是说仅仅通过"涂脂抹粉"，让"脸面"显得更好看一些，并不是动手术，并未"伤筋动骨"。这种行为，并不能全部定义为违规，因为在财务会计核算过程中，可以存在正常的、合理的会计估计。所以，笔者认为，对于这种依据会计准则，在可以变通的范围内进行适当的变通，但并没有脱离企业实际经营情况的财务数据"化妆术"，部分可以接受。之所以强调"部分"，是因为这种行为游走在违规、违法的红线边缘，稍有不慎就会掉入违法犯罪的泥沼。

这种"化妆术"式的会计数据修饰方法，可接受的前提条件有三个（见图 12-1）：一是不违背基本的会计原则；二是在一定的限度条件下，即这种修饰必须在会计准则或会计制度允许估计、预测的条件下；三是必须在合理范围之内，即这种修饰不能对企业的经营业绩产生重大影响。

不违背基本的
会计原则

在一定的限度
条件下

在合理范围之内

图 12-1 "化妆术"修饰财务数据可接受的前提条件

那么，比较常用的"化妆术"有哪些呢？

首先，利用会计估计选择不同的会计处理方式。比如应收账款坏账准备计提比例，每年计提多少的坏账准备更合适，这一点并没有统一的标准。不同的企业，不同的客户，不同的账龄，计提比例可能有很大的不同，既可以计提5%，也可以计提10%，还可以计提100%。计提比例不同，计入当期损益的金额就不同，继而直接影响当期的会计利润。假如这种会计估计符合公司的情况，我们就认为是合规的。假如计提比例严重不符合实际，就是违规的。所以我们认为，这种通过会计估计来修饰财务报表的行为，在一定范围内属于合规的、可以接受的，但如果超过正常限度，就是违规的、违法的。

其次，利用时点数的特点修饰数据。假如有一笔销售项目完工待验收，可以选择在当年12月31日的前几天验收，这样此笔收入就计入当年的营业收入，继而增加当年的业绩；也可以选择在次年的1月1日后验收，那么此笔收入将计入下一年度的利润表，对下一年的利润产生影响。事实上，在实际经营过程中，对于这种情况，确实可以在两个年度间做选择，这并不违规，但是选择年前还是年后会对当年的利润表产生影响，如果此笔收入金额较大，那么可能会给年度利润带来重大影响。对于这种利用时点数来修饰财务报表的行为，如果时间间隔很短，有充分理由可以解释放在年前和年后都是可行的，也无可厚非。

总之，会计准则和法律规定通常情况下都是大框架、原则性的规范，对于一些细节性、小范围内的操作难以面面俱到，只要不违背基本的原则，在一定限度条件下，在合理范围之内，调整财务数据的行为可以看作是合规的，但是一旦超过了必要的限度条件，就是违规的。

财务人员在利用"化妆术"为企业的财务数据"涂脂抹粉"时，仍然需要保持审慎的态度。而对于报表使用者或财务分析师来说，无须对这种合理范围内的"化妆术"锱铢必较。

12.2　会计舞弊是"整容术"：可耻的犯罪

"整容术"是"伤筋动骨"，彻底改变了财务数字的真实性，完全偏离了真实的经营状况，是一种财务造假行为、违规违法行为，是不可接受的。

如果说轻微修饰财务数据属于部分可接受的"化妆术"，那么有预谋、有计划地会计舞弊就属于"整容术"了。"整容术"必然要"伤筋动骨"，它彻底改变了财务数字的原貌，违背了企业会计准则，会对报表使用者带来严重误导，这属于彻头彻尾的犯罪了。像当年的银广夏造假案、蓝田股份造假案、万福生科造假案等都涉及"整容术"式的会计舞弊行为。

当然"整容术"按轻重程度也分为两种情况：第一种是在原有会计数据的基础上虚增或虚减相关科目或项目，从而达到调节业绩的目的；第二种是企业的会计数据根本没有任何依据，财务的凭证、账簿，报表的资料、数据都是凭空捏造的。

对于那些热衷于粉饰报表的上市公司来说，简单的涂脂抹粉式的"化妆术"已经满足不了他们的需求，那种直接"斧劈刀削"的"整容术"才是他们需要的。有些上市公司编造虚假的购销合同、业务合作、资金往来，甚至是银行存单，更有甚者直接建立虚假的银行营业厅，编造虚假的银行交易单，无所不用其极。

尽管全世界资本市场对"整容术"式会计舞弊行为的惩罚力度不断加大，但是此类案件仍然屡禁不止。所以，对于利用财务报表信息做出投资决策、管理决策的财务分析者来说，掌握识别财务造假的技巧就显得尤为必要。

12.3   手法揭秘：上市公司会计舞弊的"通用闭环"

我们通过研究上市公司财务造假的手法发现，它们有一个共性，那就是都遵循同一个"闭环"，几乎无一例外。那么这个万能的"通用闭环"是什么呢？

这个通用的闭环流程包括这样三个步骤（见图 12-2）：第一步，通过与虚假的客户、供应商合作，编造虚假的交易事项；第二步，虚构业务现金流，编造虚假的资金交易记录；第三步，虚增资产，消除虚构业务增加的毛利。完成这样一个闭环之后，就会按照同样的套路，再来一遍。

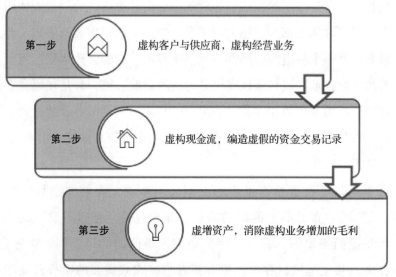

图 12-2   财务造假的"三步走"流程

这个"三步走"的一条龙式造假流程，每一步实际上都有不同的操作手法，财务造假的公司会根据具体的应用场景、自身的条件，不断翻新花样，不断提高造假的复杂性、隐蔽性，增加查证和识别的难度。

下面，我们来详细揭秘上市公司虚假交易闭环中的三个步骤。

第一步：虚构客户与供应商，虚构经营业务

财务造假的公司为了完成一个完整的业务流程闭环，必须首先虚构客户与供应商。虚构客户与供应商的主要手法有以下三种。

第一种手法：成立空壳公司或者利用关联公司进行业务流程造假。自己虚设的空壳公司和关联公司之间进行虚假业务交易，好处是显而易见的，因为都是"自己人"，虚假交易相当于左手换右手，非常方便，而且成本极低，如果与外部公司进行虚假交易，肯定需要支付较高的费用。但是，利用自己的空壳公司和关联公司交易有一个最大的弊端，就是容易被发现，于是第二种手法就产生了。

第二种手法：利用真实的客户和供应商进行虚假业务合作。客户与供应商都是真实的，与造假公司之间本身存在真实的经济业务关系，这样很难被发现。造假公司与真实的客户和供应商之间往往是真实交易与虚假交易掺杂在一起进行的，有些合同可能一半是真实的，一半是虚假的，或者一部分合同是真实的，另一部分合同是虚假的，真真假假，只有双方当事人心知肚明。当然，造假公司有时也会利用自己控制的空壳公司或关联公司与真实客户、供应商进行虚假交易，然后业务流、资金流在关联公司体外循环一圈后再进入造假公司。

利用真实客户、供应商进行造假的隐蔽性强，目前已经成为上市公司财务造假的主要手段。

第三种手法：利用海外客户和供应商造假。近几年，很多造假上市公司大量利用海外客户或供应商与其串通进行财务造假。这些海外客户和供应商一部分是自己在国外成立的关联公司，通过伪装成客户或供应商与造假公司进行虚假经济往来，还有一部分是真实的海外客户与供应商，但是交易合同是假的，通过虚增销售价格、销售收入，从而达到虚增业绩的目的。

第二步：虚构现金流，编造虚假的资金交易记录

对于财务造假公司来说，编造虚假的购销合同，进行虚假的交易，如果不涉及资金收付，造假的流程就少了资金流，时间长了很容易被识破，所以为了让虚假交易显得更真实，造假公司开始虚构现金流。虚构现金流的手法主要有三种。

第一种手法：利用个人客户多的特点，大量使用现金交易。

当造假公司的客户或供应商中存在大量自然人或个体户时，它们往往大量采用现金支付交易款项，收到个人款项后，再缴存银行。比如万福生科的客户，有很多都是个人，还有一些个体小商户，万福生科收购这些个人的农产品时，采用了大量的现金交易，从而为财务造假提供了温床。

采用现金交易的手法，无法通过银行交易记录反映真实的资金流向，而且很难进一步追查，这给虚假采购与销售的查证带来巨大困难。当然，这种手法随着万福生科、蓝田股份等财务造假案曝光之后，逐渐被公众熟知，目前这种方式的造假空间被挤压，现在已经很少有人采用，转而采用其他更具有隐蔽性的方法。

第二种手法：伪造或篡改银行对账单及资金收付银行单据。

为了使财务造假显得更真实可信，一些公司通过伪造根本不存在的银行对账单、银行收款单、付款单、银行函证单等第三方证据伪造银行资金流水。当然，也有一些造假公司通过涂改、篡改真实的银行单据，编造虚假的资金进出流水。

采用此种方式造假的成本低，且由于伪造的证据属于银行凭证，证明效力比较强。但这种手法现在被发现的概率很大，只要审计师按照审计程序向银行执行函证程序，就容易发现漏洞。

第三种手法：编造真实的资金流，构建虚假的资金交易流程。

财务造假公司为了掩盖虚假的资金交易，将一些大额资金拆散为诸

多小金额资金，或将其混入大量的真实资金交易中，通过多个不同的公司或银行账户进行划转，掩盖资金的一一对应关系和资金流转的轨迹，给查证和认定带来较大的困难。

此外，还有造假公司通过银行承兑汇票背书、质押或者直接篡改银行单据上的收付款单位名称等方式掩盖或切断资金进出轨迹。

在利用真实的客户或供应商伪造交易时，造假公司很多时候并未取得客户和供应商的配合，仅是借其名义行造假之事。在此情形下，造假公司根据真实交易合同的要素自行伪造虚假的交易合同、进出库单据等原始凭证。同时，为了配合虚构的交易，安排关联方进行资金划转，伪造真实的资金进出流水。但由于银行收付款凭单上会显示真实的收付款单位，为掩盖收付款单位与交易对象不一致的事实，发行人经常直接篡改银行收付款凭单上的收付款单位名称，或直接伪造假的收付款凭单，掩盖资金的真实来源和去向。

也有上市公司利用银行信贷等业务切断资金循环关系。造假公司的关联方或供应商收到资金或商业汇票后，直接用于归还银行贷款，或作为保证金，或将汇票质押给银行用于开立银票、获得新的贷款，再经多次划转后流回发行人。由于循环中加入了银行质押、还款、再放款的环节，在追查资金流向时很容易失去踪迹，也难以保证资金之间的对应关系。

总之，造假公司为了编造看起来很真实的资金量，千方百计地将资金的流入和流出轨迹进行掩盖、阻断、篡改，试图为通过资金流水查验交易业务的可操作性带来巨大的阻碍。

第三步：虚增资产，消除虚构业务增加的毛利

财务造假公司虚构经济业务，必然会增加虚构出来的毛利，那么这个毛利必须通过虚增资产平账，否则账表的借贷方就不能平衡。为了使

虚增的毛利不被发现，造假者往往采取以下四种方式。

第一种方式：虚增银行存款。

最直接的方法就是通过伪造银行收付款凭证、银行对账单的方式虚增银行存款。这种方式在早期为许多造假企业所采用，如绿大地造假案，但由于易被发现，目前较少有人采用。

第二种方式：虚增应收款项。

虚增应收款项是比较常见的做法之一。在这种做法下，虚增的毛利并没有实际资金流入，造假公司将其挂账记入应收账款。

这种方式的好处在于无须伪造资金流水，隐蔽性较高，但面临以下两个问题：一是长期挂账导致的账龄问题。如果长期挂账，计提坏账准备比例很高，对利润有较大负面影响。此外，长期挂账事项容易引起审计师的关注。二是面临审计时函证结果与账面数据不一致的情形。

为了解决第一个问题，有的发行人将同一客户中不同的销售合同所形成的应收账款掺和在一起，不同的销售合同中所形成的应收账款的账龄长短不一，难以一一对应，用新的回款冲减账龄较长的应收账款，这样就能够保证该客户的应收账款账龄始终在较短的时间内；有的造假者会采用张冠李戴的方式，将收到的甲客户的资金记到乙客户的名下，保证账面不出现长期未收回的款项；有的发行人在报告期末利用虚假商业票据冲抵应收款项，商票到期后再转回，空转一圈，逃避计提坏账准备。为解决第二个问题，有的造假公司提前跟客户串通，要求对方提供虚假的询证函；有的发行人利用审计师不严格执行审计程序的行为，直接伪造函证。这种方式的弱点是随着造假规模越来越大，时间越来越长，应收账款的余额会越滚越大。最终纸包不住火，迟早会被发现。

第三种方式：虚增存货。

在一些存货难以计价、难以盘点的行业，利用虚增存货来消化虚增资金是一种比较常见的做法。这些手法在农林牧渔行业较为常见。

当存货难以盘点时，虚增存货的主要方式是虚增采购数量，且往往是现金采购，让人无法追查资金去向，同时无法对既有存货进行盘点。这种方式的弱点与虚增应收账款类似，随着造假规模越来越大，时间越来越长，存货的余额会越滚越大。

第四种方式：虚增固定资产、在建工程等长期资产。

在近年查处的一系列财务造假案件中，这种方式运用得较多。具体来说，一种方法就是虚假采购固定资产、在建工程等长期资产，比如天丰节能造假案就是采用向国外虚假采购大量机器设备的方法。另一种方法就是虚增资产的采购价格，发行人利用部分资产不存在公开活跃市场、难以取得公允价值的弱点，随意虚增资产购买时的价格。

12.4 盈余管理：上市公司玩转财报的诡计

盈余管理，本质上就是对会计利润的操纵。

什么是盈余管理？简单地说，盈余管理就是管理盈余，就是调节会计利润，是企业管理层通过对报告中的会计利润信息进行控制或调整，以实现自身利益最大化的行为。盈余管理不一定都是虚增利润，也有可能是隐匿利润，为操纵未来业绩做准备。

上市公司为什么要进行盈余管理？原因有两点：一是会计准则本身允许会计人员操作，会计政策的可选择性和会计估计的不可靠性为管理层提供了足够的自由裁量空间；二是企业的经营数据在进入财务报表时，企业可以主动出击，利用会计准则的可变通性以及业务入账的灵活性，找出合适的业务"杠杆"去撬动可观的会计利润。

我们将上市公司进行盈余管理时经常操纵的科目或项目，以及操纵会计科目时的一些具体做法进行归纳总结。

12.4.1 诡计一：操纵收入确认

通过操纵营业收入确认的方法进行业绩的粉饰，是上市公司盈余管理最常见的手段。下面我们解析几种常见手法。

1. 寅吃卯粮，通过销售渠道商囤货提前确认收入

上市公司为了实现当年业绩目标，如果按照正常的会计准则确认收入，不足以达到预期，就会通过各种手段将属于未来的收入提前确认在当期。这种寅吃卯粮、提前确认收入的方式，固然可以在短期内使销售收入大幅提升，但其实质是透支未来会计期间的营业收入。

上市公司把货物发送至经销商、代理商等渠道商，要求渠道商提前购货、囤货，而这些货物一旦交付，按照双方交易合同的约定就可以确认收入，尽管经销商未必能够在当期全部销售出去。通常情况下，在向经销商"摊派"货物的过程中，销售方往往会提供很优惠的促销政策。

这种操作方式在那些以渠道销售模式为主的企业中使用得较多，而且通常有一个明显的信号，就是每年的四季度营业收入会突然增加很多，而下一年的一季度收入会大幅降低，这其中当然有年前是销售旺季的客观因素影响，尤其是消费品行业，但是不排除其中存在盈余管理因素。

2. 通过向客户提前开票，提前确认收入

根据企业会计准则的要求，仅仅是提前开具发票，尚达不到确认收入的条件，但是销售方往往会伪造一些符合收入确认的其他手续，比如发货单、货物签收单、验收单，营造一种货物已发送、客户已签收的假象，表明自己已经不再具有对货物的实际控制权，风险与收益已完全转移至客户方，这样就符合收入确认的条件了。这种操纵收入的方式非常常见。

3. 多公司之间的"背靠背"交易

所谓"背靠背"交易，是指卖方在向买方出售商品或提供劳务的同时，又按与售价完全一致或十分接近的价格从买方购入资产。出售的商品或提供的劳务确认为收入，而从对方买入的产品确认为固定资产。以这种方式交易的产品必须是重资产，比如机械设备、运输工具之类。

还有的企业通过"体外循环"的方式虚增收入，找几家公司互相配合走账，甲公司卖给乙公司，乙公司卖给丙公司，丙公司再卖给甲公司，通过三家公司进行"循环交易"，实际上都是虚假合同、虚假交易、虚假资金流水，但最后甲公司能够实现收入的增加。

12.4.2 诡计二：操纵存货

存货也是盈余管理的重灾区，操纵手法也非常多。很多企业既然在收入方面做了手脚，为了让收入增长、毛利指标符合逻辑，往往也在存货方面进行相对应的操作。

1. 存货虽然已消耗，但不结转至利润表

存货在生产过程中已经被领用消耗，本应该计入成本费用，通过结转库存商品，从而进入利润表，这样就会增加成本费用，减少利润。但是企业为了虚增利润，就将已消耗的存货通过"预付账款"或"其他应收款"往来科目挂账，仍然以资产的形式列示在资产负债表中。

这样操作的结果是企业的进销存数据、成本数据、利润数据、资产数据都是不准确的，但是对于这些公司来说，数据的准确性不再是它们关注的重点，它们关注的重点是千方百计地把利润做上去。

2. 虚构存货

对实际上并不存在的存货，通过伪造装运单、验收单及虚假的采购

单，从而在报表中虚增存货。之所以要虚构存货，主要原因还是虚构收入之后，必然要虚构相对应的存货，否则就会导致收入变动的异常、毛利变化的异常。虚构存货通常是为了配合虚构营业收入。

3. 通过随意变更存货的计价方法调节存货

根据企业会计制度的规定，企业可根据自身的需要选用制度规定的存货计价方法，但选用的方法一经确定，年度内一般不能随意变更。但在实际工作中，有些企业随意变更计价方法，造成会计指标前后各期入账口径不一致。这些企业通过调整存货计价方法，从而达到调节利润的目的。

4. 操纵存货盘点，不报毁损，造成虚盈实亏的假象

有的企业对存货进行重复盘点，即将已经盘点过的存货放到将要盘点的存货里，进行二次盘点。虚假列示存货存在，或在仓库里堆进已封好的空包装箱。

不报毁损，虚盈实亏。个别企业为了掩盖其不景气的经济状况，搞虚盈实亏，对年终财产清查中已经查明的毁损材料，不列表呈报，使其损失价值仍隐藏在材料成本中。

原材料盘盈盘亏，不做转账处理。有的企业对实地盘点过程中发现的盘盈盘亏，不进行账务处理，相反利用不正确的处理方法，人为调节会计利润。

5. 通过一些特殊业务进行存货核算的操纵

企业在进行兼并重组、债务重组、非货币性交易、关联方交易等一些特殊业务时，通过滥用会计政策及会计估计变更、虚假的时间性差异等操纵存货的核算。

存货操纵的方法有很多，我们上述仅列举了几种常见手法，对于存

货操纵问题，我们需要注意这样两个方面的问题。

第一，通常情况下，企业如果进行收入方面的操纵，只要是涉及实物销售的，也就是涉及实物销售成本的，通常都会涉及存货的操纵，存货与收入通常是密切相关的。

第二，假如存货操纵的金额较大，对盈利影响较大，与存货相关的一些项目自然会出现异常表现，我们可以通过一些财务指标进行比例与趋势分析，比如存货增长率、存货周转率、存货占总资产的比重、存货占销售收入的比重等，这些指标的异常变化，可以揭示存货舞弊的信息。此外，也可以将财务报表数据与企业的经营数据、纳税申报数据、报表附注信息进行核对。

12.4.3　诡计三：操纵关联交易

关联交易也是部分上市公司比较常见的实施财务操纵的手法。我们列出两种常见的管理操纵方法。

1. 编造虚假关联交易业务

上市公司为了操纵业绩指标，与一些不纳入合并范围的关联方签订销售合同，虚增销售收入。还有的公司与关联公司签订采购合同，关联公司采购货物之后交付给公司，但是公司收到货物之后不进行成本核算，使关联公司的采购款长期通过"预付账款"或"其他应收款"的形式挂账，这样就导致企业采购成本长期不结转成本，从而达到隐匿成本、虚增利润的目的。

2. 采取关联交易非关联化的手段

关联交易非关联化，是指将实质是关联方之间的交易通过各种手段转化为非关联交易，从而达到粉饰业绩的目的。具体有以下三种形式。

第一种：形式上的关联关系消失但仍具有一定实质意义上的关联关系，尽管从名义上看不再是关联方，但在以后的一段时间内仍能对相互间的交易产生影响。比如有些上市公司高管兼任其他公司的董事长，而上市公司与那家公司存在很多商业交易，为了避免关联关系的嫌疑，这个高管主动离职，但是新换的董事长是这名高管的亲戚，这名高管仍然会对这家公司产生重大影响。这种情况从表面上看不存在任何关系，实际上仍属于关联方。

第二种：刻意隐瞒关联关系。比如有的企业找一个过桥公司进行走账，将一笔关联交易变成两笔非关联交易。如果上市公司将资产高价出售给非关联方，关联方则通过其他方式弥补非关联方的损失或者干脆以同样的高价从非关联方购回资产，这两笔交易就成了非关联交易，上市公司就可以逃避相关制度的约束，确认高价出售资产带来的收益。

第三种：通过潜在关联方以多重参股的方式间接控制上市公司，在隐瞒关联方关系的重组过程中，利用潜在关联方为公司输血。具体做法是：将交易时机选择在正式入主上市公司前，按非公允价格交易，待交易事项完成后，才正式加盟成为关联方，因为交易时还不是法律意义上的关联方，可以名正言顺地避开对关联方交易的监管。

关联交易的存在，导致交易的公允性存在问题，难以遵循市场交易真实性原则，从而带来会计信息的失真。所以，尽管会计准则、上市公司监管政策对于关联交易都有非常详细的规定，但在实务中，仍然有部分上市公司通过各种变种的管理交易手段达到操纵业绩的目的或进行非正当的利益输送。

12.4.4　诡计四：通过操弄研发支出的资本化与费用化调节利润

在会计账务处理上，企业费用化的支出应计入当期损益，而属于资本化的支出应予以资本化计入资产成本，但是在会计实务中，通常由会计人员对支出的性质进行判断，这就给盈余管理带来可操纵的空间。假如把本应费用化的利息费用、固定资产改良支出、研究开发支出资本化，就会减少当期费用，从而达到虚增当期会计利润的目的。

在上市公司的盈余管理中，将研发支出资本化是常见的盈余管理手段。在现有会计准则体系中，研发投入的确认和计量相对宽泛。因为有关研发项目的投入以及其资本化和费用化的比例，并非正表必须披露的内容，各上市公司在报表附注中的披露并不严格、规范。由于研发投入及其资本化率并非财报的表内项目，审计验证也相对宽松，因此研发支出自然成为诸多公司调节利润的"法宝"。

资本市场上曾经的明星上市公司乐视网，目前已经退市，其财务报表中的诸多数据很早就被质疑。其中备受质疑的研发费用资本化就是问题之一。自从 2010 年乐视网上市，截至 2016 年，其累计研发投入 46.3 亿元，而同期净利润仅为 7.47 亿元。这 46.3 亿元的研发投入中，资本化金额达 27.3 亿元，资本化率高达 58.96%。公司在 2010 ～ 2016 年间，累计管理费用总额仅为 12.71 亿元，而研发费用高达 19 亿元。所以，无论如何，这12.71 亿元的管理费用也无法包含 19 亿元的研发费用。由此可见，乐视网在研发投入、资本化与费用化等数字中间，很可能存在刻意粉饰业绩的行为。

12.4.5　诡计五：通过资产减值准备的计提进行盈余管理

计提应收账款坏账准备、存货跌价准备，商誉减值等手段也是盈余管理的常用手段。

1. 通过计提坏账准备调节利润

在会计实务中，普遍采用单项认定和账龄分析法相结合的方式来计提坏账准备。对于单项认定，除了非常明显的无回收风险而不计提或已无法收回而全额计提，其他部分计提都面临对可收回款项进行估计的可靠性问题。对于采用账龄分析法的计提，计提比例从高从低并没有明确的可验证方式，因此，计提比例存在很大的主观选择权，这就给上市公司进行盈余管理留下可操作的空间。当企业需要提高利润时，就刻意减少计提坏账准备的金额，反之，就刻意增加计提坏账准备的金额。

2. 通过计提存货跌价准备调节利润

根据企业会计准则的规定，期末存货的成本高于其可变现净值的，应当计提存货跌价准备。可变现净值的确定，涉及估计售价、估计成本、估计税费等系列估计。对于估计售价，需要以资产负债表日最可靠的证据予以估计，如果售价在资产负债表日之后的期间出现较大波动，估计售价的选择也会出现很大的空间。

由于对期末存货的可变现净值估计的主观选择权较大，存货跌价准备的计提金额为多少是合理的，自然难以验证，所以部分上市公司在必要的时候，也会通过计提存货跌价准备操纵利润。

3. 通过商誉减值调节利润

除了应收账款坏账准备、存货跌价准备、商誉减值，实际上对于固定资产、长期股权投资、无形资产等其他非流动资产也有计提减值准备的空间，对其进行盈余管理的操作手法都是相同的，都是利用会计估计、个人裁量权，人为调高或降低减值准备金额，达到调节利润的目的。

12.5　体外循环：企业并购重组中的"会计魔术"

通过并购重组操纵业绩的"会计魔术"，其操作思路就是"体外循环"。

企业并购重组是财务造假的重灾区。中国证监会曾发布 2020 年以来国内上市公司财务造假案件的报告，报告指出，并购重组领域造假相对突出，占比达 40%。并购重组中造假的动机有很多，比如粉饰业绩规避退市、掩盖资金占用、维护股价上涨、应对业绩承诺等。

我们在本节重点探讨上市公司如何通过并购重组进行盈余管理。

并购重组是当前很多上市公司进行外延式扩张的手段，同时为一部分企业提供了"创造利润"的机会。一些上市公司为了进行业绩操纵，会刻意寻找并购重组的机会，通过在并购重组中玩弄"会计魔术"，实现业务流、资金流的"体外循环"，从而达到操纵盈余的目的。

12.5.1　并购重组财务数据"体外循环"的基本思路

上市公司通过并购重组进行财务舞弊的核心思路是这样的：上市公司首先选择投资并购的目标企业，与该目标企业合作并故意抬高目标企业的估值，比如目标企业的净资产为 1 000 万元，但是双方确定的收购价高达 1 亿元，而多出来的这 9 000 万元通常就构成合并商誉，上市公司支付给目标企业 1 亿元收购价款，但是目标企业会通过过桥公司将其中的 9 000 万元返还给上市公司，上市公司将这 9 000 万元再以销售回款的形式流入企业，而且可以将这 9 000 万元做成销售收入。通过这样一个循环，上市公司就能够通过这次并购重组虚增 9 000 万元的收入和经营现金流。而在上市公司账面上的 9 000 万元的商誉，可以在以后的会计年度通过减值来消除。这种形式被称为"体外循环"，是上市公司常见的财务造假模式。如图 12-3 所示。

通常来说，对于上市公司的并购重组，我们要重点关注被收购企业的经营能力，对于那些成立时间不长，规模也不大，甚至尚未形成稳定的盈利模式的公司，如果其估值高得离谱，那么我们要警惕上市公司有可能利用这样的收购行为进行会计舞弊，当然也有可能是大股东与其他相关方进行利益输送。

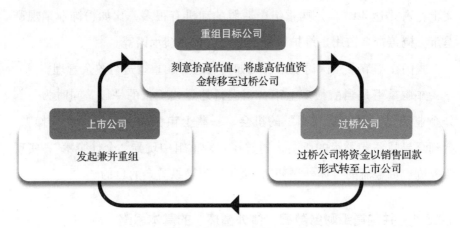

图 12-3 并购重组过程中的"体外循环"

12.5.2 并购重组过程中财务舞弊的具体手法

我们接下来介绍上市公司在并购重组的财务舞弊中采取的具体操纵手法。

1. 操纵商誉和资产减值

通常情况下，巨额商誉的形成过程中容易存在"猫腻"。如果一家上市公司以极高的溢价收购一家规模小、利润差，甚至尚未形成成熟的商业模式的小微企业，那么需要警惕此类行为是否存在涉及资金转出体外的问题，是否存在实控人利益侵占的问题。比如上市公司汤臣倍健股份有限公司在 2018 年 8 月全资收购澳大利亚一家保健品公司 Life Space Group Pty Ltd（简称"LSG"）100% 的股权，收购价为 35 亿元，而 LSG 净资产仅为 1 亿元，超额溢价形成巨额商誉，因此有投资者质疑如此高溢价可能存在转移资产的嫌疑。

根据会计准则的规定，商誉不需要分期摊销，只需要定期进行减值测试，即无论其金额多少，在不减值的情况下对业绩是没有影响的。但是一些上市公司往往会利用商誉减值来操纵利润。

商誉具有业绩"助跌"的效果，在被并购公司业绩未达预期时，商誉减值的可能性大增，会对并购方合并业绩带来双重压力。基于业绩考虑，如果整体业绩允许，并购方倾向于对商誉减值进行平滑处理，如果业绩情况实在不理想，则倾向于"一次亏个够"，通过一次性计提全额或大部分减值进行处理，这种行为被称为"洗大澡"。

2. 操纵技术研发项目

在涉及高新技术企业的并购重组时，被收购企业往往会存在一些正在进行中的技术开发项目。在确认被购买方可辨认净资产公允价值时，要分别确认被购买方的资产、负债。根据无形资产准则的规定，企业合并时，可以在购买方账上确认研究开发项目，作为无形资产入账。一些企业就以此作为业绩操纵的着眼点。

操纵手法是这样的：合并时先将技术研发项目确认为资产（通常为在建工程），再以这些项目不具备技术可行性为由，一次性予以注销，这样可以在合并当期确认巨额的非经常性支出，以减少合并后计提商誉减值的压力。

3. 重组过程中对资产进行虚买虚卖做多盈利

上市公司在并购重组过程中进行资产的虚买虚卖，从而达到操纵利润的目的，这是非常常见的操作方式。有些上市公司为了避免被 ST 或者被摘牌，也会采取虚买虚卖的方式做多盈利。一些上市公司借"资产重组"来进行业绩操作，通过企业的收购，将被收购企业的非上市公司的全年利润纳入上市公司的合并报表，从而达到"扭亏为盈"的目的，最终逃脱股票被 ST 或被摘牌的厄运。

12.5.3　并购重组财务舞弊的五种识别方法

为了做业绩而进行的并购重组被称为报表重组，报表重组之后，利润指标可能确实有所提高，但是企业的综合实力并没有得到实质性的提高，这种通过突击重组制造出的利润不具有持续性，也不可能提高企业的持续发展能力，所以对于报表重组，投资者必须保持清晰的认识。

识别报表重组可以从以下五个方面入手。

第一，虚假重组公司通常处于不利境地。虚假重组公司可能连续多年亏损，即将被特别处理，或者即将被强制退市，或者为了增发配股以达到监管部门的财务指标要求。

第二，虚假重组公司双方的高层管理人员不会有任何更换。

第三，虚假重组多发生在关联公司之间，或者同地区的企业之间。

第四，虚假重组多发生在下半年度。

第五，虚假重组的规模通常不大，收购或出售的资产一般低于其总资产的 50%。

以上五点是为了做高报表业绩而进行虚假重组的典型特征，一旦发现这样的重组情形，应保持警惕。

第 13 章

逻辑判断
撕开上市公司财报舞弊的逻辑性口子

从财务指标中发现逻辑性谬误，是识别财务舞弊非常有效的手段。

大侦探福尔摩斯说，逻辑学家能推测出一滴水来自大西洋还是尼亚加拉瀑布。事实上我们也可以根据上市公司财报中一些异常指标，通过逻辑分析，大致判断是否存在会计舞弊的行为。

任何企业的财务舞弊与欺诈，都不可能毫无破绽，造假行为总会留下蛛丝马迹，重要的是，我们必须对公司的异常会计指标、不符合逻辑的变化现象保持高度的敏感性。大多数危险的发生，并非我们没有看到企业的异常征兆，而是缺乏应有的警惕性。

需要特别强调的是，判断一家上市公司是否存在财务舞弊，要综合考虑多种信息，从多角度验证，而不是仅看一个指标，或者仅凭一次异常行为就轻易下结论。

13.1 发现企业财务异常的三条路径

一家上市公司的财务状况出现什么样的信号可以定义为财务异常？关于这个问题，实际上有很多专业人士都做过研究。早在2002年，深圳证券交易所（简称"深交所"）就正式组织专业团队做过相关研究。深交所发布的研究报告，提出了三条路径来发现财务异常（见图13-1）。

路径一：从会计科目之间的勾稽关系异常入手发现财务异常，主要指财务报告中的相应数据明显违背了对应会计科目之间的勾稽关系。

路径二：从历史数据之间的变动异常发现财务异常，是指不同年度报告的数据出现明显异常，违背了企业经营运作的规律，同时可能会违背科目之间的勾稽关系。

路径三：从行业横向对比发现财务异常，是指根据行业内公司的可比性，发现企业报告数据所反映的业绩明显超过同行业可比公司的业绩。

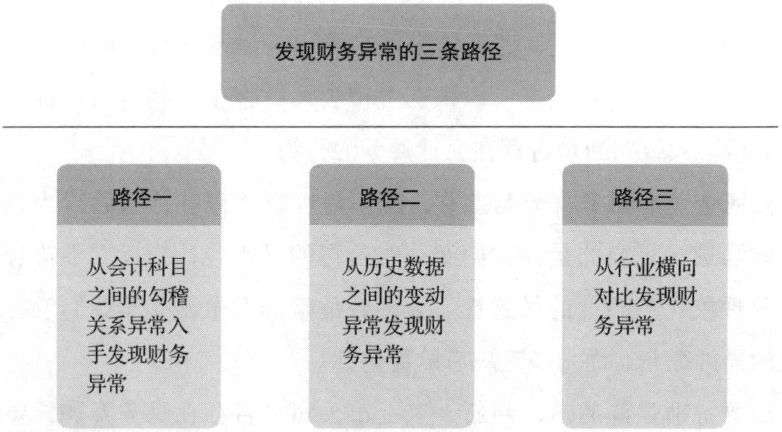

图13-1 深交所提出的发现财务异常的三条路径

接下来，我们对这三条路径逐一进行解读。

第一条路径是从会计科目之间的勾稽关系异常入手，发现财务数据异常。比如现金流量表可以根据资产负债表和利润表及相关附表编制，资产负债表与利润表之间的很多科目存在勾稽关系。第二条路径主要是根据企业以前年度的财务数据进行纵向分析，通过对营业收入增长率、净利润增长率、总资产增长率、毛利率、销售净利率、存货周转率、应收账款周转率等指标的历年数据进行对比，从而发现异常。第三条路径主要是指与同行业内同类公司的横向对比分析，通过与同类公司的相关财务数据、财务比率进行比较，从而找到财务指标的异常。

深交所的研究报告认为，这三条识别财务异常的路径建立在两大基本假设上：第一个假设是行业经济特征决定行业内公司的基本业绩表现，同行业可比公司的财务业绩在一定时间范围内不会出现太大的差异；第二个假设是会计学科体系本身决定了财务数据之间必须满足相应的基本关系，如果上市公司报告的数据违背了这种基本关系，就会出现一定程度的财务异常。

有业内专家对深交所提出的三条路径提出了很多质疑，认为这样的思路是建立在企业发展是线性的、可预期的基础上的，但在实务中，很多企业的发展轨迹不一定是线性的，有可能会因为市场行情或者政策因素出现比较大的波动。

尽管质疑声存在，但笔者认为，深交所提出的这三条识别企业财务异常的路径仍值得我们借鉴，同时我认为，在实务中运用时要适当变通。结合这三条路径，我认为我们还要做到以下几点。

第一，在利用会计报表之间的勾稽关系判断财务异常时，不能局限于表内的数据，更重要的是结合经营业务的逻辑。假如企业营业收入大幅增长但是其"销售商品、提供劳务收到的现金"却不断减少，这就是一种不符合企业经营逻辑的异常现象。

第二，通过分析历史数据判断财务异常时，要考虑到不同会计期间的可比性、会计政策的变化、企业经营战略的转型、业务模式的变更、意外情况的发生等各种情况，即使与历史数据对比时发现财务指标异常，也不一定是企业存在财务舞弊，有可能是其他因素导致的。

第三，在将企业与同类竞争公司进行横向对比分析时，务必要考虑到可比性。由于目前企业经营的业务比较复杂，一家公司可能既有房地产业务，也有信息技术服务业务，还有金融服务业务，这些业务的性质、盈利模式截然不同。如果你生硬地把两家看似竞争对手的公司进行对比，可比性不一定很强，这样对比并不能真正发现问题。所以横向对比要具体问题具体分析，考虑可比性与特殊业务情况。

总之，检查会计勾稽关系、纵向历史数据趋势分析、横向同类公司对比分析这三条路径，值得我们参考，但务必要考虑特殊因素的影响。

13.2　识别假账最常见的 15 个异常逻辑指标

检查财报中会计数字的逻辑关系，是判断企业财务舞弊最重要的方式，也是识别假账的起点。

首先，财务报表的编制是依据一定的会计准则进行的，报表与报表之间存在特定的勾稽关系。有些关系是一一对应的，比如利润表中的净利润与资产负债表中的未分配利润；有些关系虽然不是一一对应的，但是也存在必然的联动关系，比如利润表中营业收入的快速增长，理应带动现金流量表中"销售商品、提供劳务收到的现金"的增长，等等。

其次，企业的行为特征与财报数字变动之间应存在逻辑关系。比如企业的财报显示经营效益很好，现金流也不错，但是企业不断地进行大规模融资，这种账面显示很有钱，但企业行为表明很缺钱的异常迹象，也是不符合逻辑的。

报表数字之间的逻辑关系，以及报表数字与企业行为之间的逻辑关系，对于我们判断企业是否存在财报舞弊很有帮助。接下来我们介绍实务中最常见的 15 种异常逻辑指标。

13.2.1　收入、利润、现金流：非同向异常变动

正常情况下，收入、利润和现金流的增减变动应该是同向的，比如收入和利润持续增长，那么现金流也应该增长，如果现金流持续减少，就属于异常情况。

假如一家公司的业务增长速度很快，盈利能力也比较强，但是公司的资金较为紧张，经常进行大规模的融资，这就属于违背正常经营逻辑的现象，如图 13-2 所示。

1.收入增长、利润增长　2.盈利能力提升　3.现金流紧张，资金短缺　4.频频大规模融资

图 13-2　业务经营状况违背逻辑关系

出现这种违背正常经营逻辑的情况，原因可能有以下四点：第一，销售的货物回款较慢，应收账款过多；第二，投资规模过大，比如企业内部项目产能扩张，在建工程投资，对外进行收购、重组等，投资规模的扩大，导致现金流不足，只能通过外部融资补充现金流；第三，大股东掏空上市公司，通过各种手段将上市公司的资金转移到其他公司，上市公司被当作圈钱的工具；第四，财务业绩造假。企业通过虚增销售收入，虚增了利润，但是这些虚构的业务往往并不能真正带来现金流的增

加，所以就会出现利润表有利润但现金流越来越差的情况。

通过上述分析，我们发现，即使业务有增长，利润有增加，但现金流不足，也不能认为就一定存在财报舞弊。那么对于这种情况，我们怎么判断是否存在财报舞弊呢？

首先，要看现金流与收入、利润的匹配度的变动趋势。

假如上市公司的现金流与营业收入、营业利润的匹配度呈现反向变化趋势，也就是说营业收入和利润在持续增长，而现金净流量尤其是经营活动的现金净流量不断下降，并且连续出现经营活动现金流为负值的情况，那么我们就有理由质疑这家公司的业绩存在造假的嫌疑。

偶尔出现收入、利润与现金流涨跌变动趋势相背离的情况是正常的，但是持续、长期地出现这种情况，我们就不能简单地将其解释为是应收账款回笼不及时导致的，而是很可能存在业绩造假。

当然，为了判断上市公司的资金是否被大股东或实际控制人非法转移，还要看经营活动现金流中"支付其他与经营活动有关的现金"这一项是否存在异常，如果金额过大，那么转移资金的嫌疑就大。

其次，要看融资的频率。

融资的频率越高，表明企业的资金缺口越大，填补资金缺口的欲望越强烈。有些公司的股票增发刚结束，又开始了股权质押贷款，融资活动持续不断，这样的行为说明企业资金链明显存在问题。而且通常情况下，当企业的经营出现严重问题时，其通过业绩造假、粉饰报表，为更好地融资做好准备的动机就会十分强烈。

总之，对于常年（比如连续三年）进行较大规模融资（股票增发、配股、质押贷款、发债等）的企业，无论其财务报表的业绩是好还是差，无论其融资的理由是什么，都应该对其财务数据持更加审慎的态度。

13.2.2　存贷双高：一边高额地存款，一边大规模地贷款

一边是账上"趴"着高额的银行存款，一边是欠着大规模有息负债，这样的财务报表相当于告诉大家：我很有钱，但我仍不惜支付大额利息向外借钱。通常情况下，"存贷双高"并不是上市公司"土豪"的表现，而是一种财务造假的异常信号，如图 13-3 所示。

图 13-3　存贷双高的表现

所谓"存贷双高"，这里的"存"，我们可以理解为"存款"，但是这个"存款"不等同于财务报表中的"货币资金"科目，还包括应收票据、交易性金融资产，以及其他可以随时变现的现金等价物。这里的"贷"，可以理解为"有息负债"，包括财务报表中的短期借款、长期借款、应付债券，以及带息的应付票据、一年内到期的流动负债等。至于"高"，可以理解为存款、有息负债占总资产的比重高，可以通过与同行业内公司进行比较来判断高低。

简单理解，"存贷双高"就是指企业的存款和有息负债的金额占比都非常高。一方面企业很有钱，另一方面企业又愿意承担较高的利息负担而大规模举债。这说明两点，一是货币资金的真实性存疑，可能存在财务造假，二是货币资金中受限资金量较大，无法用于经营活动。

我们通过一个案例来分析"存贷双高"的异常信号。

📍**案例 13-1**

康美药业货币资金造假案解析

2018 年 4 月 29 日，康美药业股份有限公司（以下简称"康美药业"）发布了一份《关于前期会计差错更正的公告》。公告具体阐述了公司 2017 年年报中出现的 14 项会计错误，其中有一项是关于货币资金需要调减 299 亿元，此公告一经发布，舆论一片哗然，后来监管部门介入，调查结果显示，康美药业在 2016～2018 年均存在大规模财务造假。

我们通过对比康美药业与两家同类公司天士力医药集团股份有限公司（以下简称"天士力"）、人福医药集团股份公司（以下简称"人福医药"）的存款与贷款数据，可以看出 2016～2018 年这三年间财务数据的异常（见表 13-1）。

表 13-1　2016～2018 年康美药业与同类企业的存款与有息负债对比

公司名称	年份	货币资金总额（亿元）	有息负债总额（亿元）	货币资金总额占总资产比重	有息负债总额占总资产比重
康美药业	2018 年	20.16	291.23	2.71%	39.02%
	2017 年	344.18	221.99	50.08%	32.30%
	2016 年	275.49	132.05	50.25%	24.09%
天士力	2018 年	61.39	195.21	24.39%	41.24%
	2017 年	48.19	171.45	22.38%	41.83%
	2016 年	35.40	99.75	20.67%	24.67%
人福医药	2018 年	43.94	128.91	12.40%	36.39%
	2017 年	44.53	105.69	12.58%	29.85%
	2016 年	35.23	86.40	13.33%	32.69%

资料来源：康美药业、天士力、人福医药的公司年报。

通过对比，我们可以看出以下几点问题。

第一，康美药业在 2016 年与 2017 年的货币资金总额分别高达 275.49 亿元、344.18 亿元，在拥有如此巨额现金的情况下，同时分别有 132.05

亿元、221.99 亿元的巨额有息负债，这两年的银行存款总额均比有息负债总额高很多。2018 年的货币资金总额之所以大幅减少至 20.16 亿元，是因为这是调减了 299 亿元货币资金之后的数据。同期的天士力、人福医药的货币资金总额都远远低于有息负债总额。因此，2016 年、2017 年这两年康美药业的巨额货币资金明显存在异常。

第二，从货币资金总额、有息负债分别占总资产的比重看，2016 年、2017 年康美药业货币资金总额占总资产的比重分别为 50.25%、50.08%，而同期有息负债占总资产比重分别为 24.09%、32.30%，货币资金总额占总资产的比重远远高于有息负债占总资产的比重，而同类公司天士力、人福医药同期货币资金总额占总资产的比重都远远低于有息负债占总资产的比重。

由此可见，在 2016 年、2017 年这两年间，康美药业的账面上存放着大量的货币资金，同时又负担着大量的有息负债，这明显不符合经营逻辑，所以 2018 年康美药业发布会计差错调减公告，欲将 299 亿元的货币资金调减，由此吸引了监管部门介入调查。调查结果显示，康美药业在 2016 ~ 2018 年间，有组织、有计划地虚增巨额营业收入，通过伪造、变造大额定期存单等方式虚增货币资金，将不满足会计确认和计量条件的工程项目纳入报表，利用虚增固定资产等各种手段，大肆实施财务造假。

最后，我们补充几点内容，对于存贷双高的异常现象分析，应结合以下几种情况进行相互验证。

第一，如果企业拥有异常高的货币资金储备量，远超正常经营需要，而且不进行闲置资金理财，不购买理财产品，也不做定期存款，那么这些货币资金要么是假的，要么是受限资金，无法使用。

第二，企业货币资金虽然很多，但是企业不仅自身贷款数额较大，其大股东也频频进行股权质押或者大规模融资，这也是异常情况。

第三，货币资金很高，但是企业的银行存款利息收入很少，存款利息收益率（利息收入与银行存款的比值）明显低于正常水平，这样的货币资金的真实性存疑。

总之，要通过多角度分析，多方验证，综合考察，判断一家公司的货币资金是否真实可靠。

13.2.3　银行存款利息收入与货币资金比值不匹配

货币资金造假是最近几年上市公司常用的财务舞弊手段之一。虚增销售收入，对应的科目如果全部计入应收账款，往往比较容易被识破，于是一些公司就虚增货币资金，伪造、篡改收款单、银行存款单、银行对账单、银行询证函，甚至有一些申请 IPO 的公司为了应付现场审查，临时搭建假银行网点，可谓无所不用其极。

我们可以通过银行存款利息收入与货币资金的比值判断是否存在货币资金造假，具体方法如下。

第一，利息收入与货币资金的比值较低，远低于同期银行存款利率。出现这种情况的原因要么是货币资金被占用，要么是货币资金造假，也有一种可能是上市公司在期末临时凑过来一些货币资金，当然这也是财务报表的粉饰手段。

第二，利息收入增长率与货币资金增长率不匹配。假如货币资金每年保持 20% 的增长率，而利息收入仅增长 5%，甚至是负增长，那么这样的货币资金也可能存在问题。

还有一种特殊情况需要注意，很多上市公司在对闲置资金进行管理时，会购买大量的理财产品，而理财产品的收益并没有计入"财务费用——利息收入"，而是计入了"投资收益"，这样就会导致利息收入的减少。所以对于利息收入与货币资金的匹配问题，我们还要结合多种因素考虑。假如企业账面上有大量的货币资金，但企业既不购买理财产品，也没有进行其他短期投资，而是让货币资金常年"趴"在账上，利息收入很低，这就属于不正常的情况，可能存在货币资金造假。

13.2.4　应收账款与营业收入变动趋势背离的三个异常信号

应收账款是上市公司财务造假最常见的科目，当然这几年由于大家对应收账款异常情况的警惕性有所提高，因此很多公司进行财务造假时，会刻意减少或者规避应收账款异常的表现。因为应收账款财务造假的程序简单，操作便利，几乎所有虚增销售收入的行为，多少都会涉及应收账款科目，所以我们也有必要掌握应收账款指标异常的表现。

我们应重点关注的应收账款的三个异常信号，如图 13-4 所示。

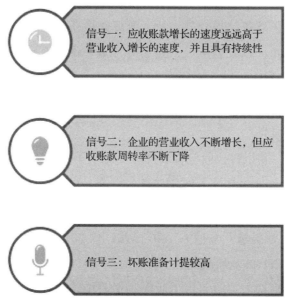

信号一：应收账款增长的速度远远高于营业收入增长的速度，并且具有持续性

信号二：企业的营业收入不断增长，但应收账款周转率不断下降

信号三：坏账准备计提较高

图 13-4　应收账款的三个异常信号

第一，应收账款增长的速度远远高于营业收入增长的速度，并且具有持续性。应收账款增速高于营业收入的增速，一种可能是正常情况，企业的赊销政策过于宽松，应收账款回笼资金较慢，另一种可能是收入造假。无论是哪种情况，应收账款增长过快都不是积极信号，尤其是当这种现象持续几年存在时，更应该提高警惕。

第二，企业的营业收入不断增长，但是应收账款周转率不断下降。应收账款周转率指标非常重要，它能够较准确地反映企业销售资金回笼的速度。收入增长而应收账款周转率持续下降，即卖得越多，客户欠款越多，这不是好现象。当然，也要和行业内同类公司进行对比，如果显著低于行业水平，那么这样的销售质量存疑。既可能是企业经营状况在恶化，也有可能是应收账款中有很大一部分是虚增的，并不是基于真实的交易形成的。

第三，坏账准备计提较高。从企业坏账准备的计提情况也可以看出应收账款的质量，以及营业收入是否有水分。如果企业应收账款大幅增长，而应收账款周转率不断下降，与此同时，企业每年计提的坏账准备均比较高，显著高于同行业水平，那么我们由此判断这家公司应收账款造假的可能性很高。

比如深圳海联讯科技股份有限公司（以下简称"海联讯"）在2011年上市之前，就通过非客户方转入大量的资金，以冲减账面应收账款，并在下一季度期初再转出资金，借助资金的一进一出，海联讯在2009年至2011年间，涉嫌虚增营业收入2.46亿元，仅2011年通过计提坏账准备虚假冲减应收账款的金额就高达1.3亿元。

当然需要强调的一点是，应收账款增长率、应收账款周转率的变动与营业收入增长率偶尔出现背离，不一定就是财务造假造成的，必须适当拉长时间周期，只有出现连续性的、长期性的背离，我们才有理由质疑这种异常现象。当然，我们也可以通过行业之间的横向对比，发现应收账款的异常信号。

13.2.5　其他应收款金额巨大，与营业收入规模不匹配

其他应收款是早期财务舞弊比较常用的科目，但随着曝光率的增加，此科目已经成了众矢之的，所以现在单纯通过其他应收款操纵会计数字的行为已经较为少见。但是，我们仍然不能忽视此科目的异常信号。假如其他应收款数额巨大，并且与该公司营业收入规模不匹配，那么这种情况就属于异常信号。

我们将几种涉及其他应收款的财务舞弊手法列示出来，简单解读。涉及其他应收款的舞弊手法主要有以下三种。

1. 利用其他应收款虚列成本费用

企业为了虚增利润，会将实际发生的成本费用计入"其他应收款"，这样做的结果就是这笔成本费用挂账在资产负债表中，而不会计入利润表的成本费用，这样一来，利润表中的利润就会虚增。

2. 利用其他应收款转移资金，掏空上市公司

有些上市公司的实际控制人，为了将公司的资金转移到自己控制的公司，往往通过"其他应收款"科目将上市公司的资金违规转移到自己名下，从事与上市公司业务无关的活动，从而损害上市公司其他股东的利益。

3. 利用其他应收款隐藏短期投资，截留投资收益

有些上市公司的高管，不想让外界知道自己利用闲置资金投资股市或购买债券，就会通过"其他应收款"科目将资金转出去，买入股票或债券，而买卖股票债券的投资收益并不交还公司，而是私自截留。

对其他应收款的分析，最重要的是看其金额的大小和占流动资产的比重，假如金额非常大，占流动资产的比重很高（比如超过20%），就表明这样的数值是不正常的，其中可能有问题。如果是上市公司的财报，我们要看报告中对于其他应收款的解释，搞清楚其中的原因。当然，并不是说只要其他应收款金额大、占流动资产的比重高就一定是财务造假，实际上也有可能是企业与关联公司的正常资金往来。

13.2.6 产销量增长而用电量、用水量、运输费没有随之增长

一家从事生产制造的公司，其产品在大批量生产制造的过程中，必然会消耗电力、水等能源，同时，在销售运输的过程中，运输费也应该与产销量增减变化保持大致的同步趋势，这是符合逻辑的关联性。相反，假如一家具有一定规模的企业，其产品的销售量大幅增长，但是生产耗用的电力能源在减少，或者是运输费也没有变化，那么我们通过这一点就可以对其销售收入提出质疑。

企业进行虚增销售量的造假行为，通常会虚增原材料消耗，会刻意将营业成本与营业收入的匹配做得很好，但是用水量、用电量这些辅助性生产资料的消耗是客观存在的，水电的用量通常由水务部门和电力部门统计，这些消耗成本本身并不构成企业的重要支出，企业往往不会重视，而这些数据又是最真实的。

我们在分析一家上市公司的报表时，可以关注管理费用、销售费用中的电费、运输费、装卸费等明细指标，可以将这些指标的增减变动与企业的营业收入的变动幅度进行对比，看二者是否匹配，如果差异过大，尤其是在营业收入大幅增长的情况下，电费、运输费、装卸费不增反降，这样异常的情况显示企业有可能存在收入造假。

当然，这种异常情况的判断仅适用于消耗量较大的企业，比如工业

产品制造业，或者是拥有消耗大量电能的数据中心、IT 设备的企业。

　　补充一点，能源消耗不仅限于电和水，假如企业属于消耗煤炭、天然气的用量大户，我们也可以通过煤炭消耗量、天然气消耗量等指标来验证其产销量变动的数据是否合理。

13.2.7　产销量增减变动与员工数量、人力成本背离

　　通常情况下，一家企业的员工数量、人力成本与企业规模是保持一致的。企业的销售收入大幅增长，产品生产规模大幅增加，人员规模也会随之增加，而且人员的规模通常很难造假。所以，一旦发现一家上市公司产销两旺，规模不断扩大，但是其对外公布的员工数量和人力成本并没有随之增加，或者增加幅度明显偏低，那么我们有理由质疑其业绩扩大的真实性。

　　员工数量可以直接从定期报告中查找，至于人力成本的数据，我们最好以现金流量表中"支付给职工以及为职工支付的现金"这项数据为准，原因是这一项数据比较容易查找，从管理费用、销售费用中未必能找到员工工资数据，但是现金流量表中均有这一项数据。另外，这一项数据包含了支付给职工的工资、奖金、社保公积金、福利费等内容，涵盖了人力成本的全部信息。

　　当然，具体到单个企业，我们也要考虑特殊情况，比如有的企业在生产线上大规模引入了智能设备，比如由机器人替代人工操作，经营效率大幅提高，人工成本可能并未增加。对于这种特殊情况，我们需要特殊对待。

13.2.8　产能、产量、销量之间的匹配关系不一致

　　产能是企业最大的生产能力，受制于厂房面积、生产线、工序等客

观条件，产量是实际生产的数量，销量需要产量来支撑。从理论上讲，产能大于产量，产量大于销量，即产能 > 产量 > 销量。

如果企业的经营数据显示的结果不是这样的逻辑关系，就可能存在问题。

如果一家企业的产量远远大于销量，假如是真实状态，那么原因很可能是产品滞销；如果企业的产量和销量均超过了产能，那么企业的财务数据很可能是虚假的。

13.2.9　营业收入规模与核心客户的体量严重不符

假如企业的营业收入规模与其核心客户的体量存在较大差距，那么这种现象也是非正常的。假如一家企业的核心客户中，有一些实力很小、规模很小的客户，每年购买的产品量很大，远远超过了自身体量，那么有可能该客户是虚假客户，或者客户的采购量是虚假的。

万福生科股份有限公司（简称"万福生科"）财务舞弊案是国内近几年影响力较大的案件之一，这是一家从事稻米精深加工研发生产和销售的企业。根据深交所的公告，万福生科在上市前的 2008 ～ 2011 年间，累计虚增营业收入 7.4 亿元，虚增营业利润 1.8 亿元。这家公司的前五大客户规模都不大，其中东莞常平湘盈粮油经营部只是一个 50 平方米的小门店，湖南祁东佳美食品有限公司年销售额仅 223 万元，但是虚报为 1 415 万元。另外虚构了一些早已注销的客户，比如湖南傻牛食品店，实际上已停业数年之久。万福生科这样一个年营业收入在 2 亿～ 4 亿元的公司，其前五大客户基本都是一些零售店铺，具有这样体量的客户所产生的交易量与万福生科的营业收入规模显然不是一个数量级。事后也查明，这些小客户与万福生科之间的巨额交易量均为虚构的。

13.2.10　营业收入大幅增长而应付账款异常稳定

营业收入与应付账款的内在逻辑关系是什么呢？正常情况下，营业收入的增加，会带来营业成本的增加；营业成本的增加，必然会带动采购成本的增加；采购成本的增加自然带来应付账款的增加；这就是营业收入与应付账款之间的内在关联性，如图 13-5 所示。

图 13-5　营业收入与应付账款之间的内在关联性

当然也许会有例外情况，比如在以下三种情况下，应付账款未必随着营业收入的增加而增加：一是毛利率极高、采购支出极少的行业，比如软件开发公司、信息技术服务公司、投资公司等，这些行业的收入与采购支出的关联性较弱，收入增加但有可能采购支出没有随之增加；二是企业降本增效的措施非常有效，经营效率大幅提升，毛利率大幅上升，这种情况下也可能会出现收入增加而营业成本没有同步增加的情况；三是采购付款非常及时，甚至现金采购比例较高，这种情况下应付账款也会很少。但这三种例外情况毕竟是少数，大多数情况下营业收入的增长都会相应带动营业成本的增加，同时带来应付账款的增加。

比如康美药业在 2006 年、2007 年的营业收入增长率分别为 41.22%、56.74%，但是同期应付账款的增长率为 –0.95%、34.27%，营业收入大幅增长，但是应付账款增长速度远远低于收入增长速度，这个异常信号就被会计界及媒体公开质疑过。

13.2.11　营业收入与利润大幅增长，支付的各项税费反而下降

营业收入越高，应交增值税通常会越多。增值税是企业第一大税种，所以应交增值税的增加通常会带来全部税费支出的增加，全部税费支出可以从现金流量表中的"支付的各项税费"项目取数。利润的大幅增加，通常导致企业所得税的支出增加，假如利润为正且大幅增长，营业收入也大幅增长，那么企业支付的各项税费必然会增长。如果缴纳的税费下降，通常是不正常的，也是不符合企业经营逻辑的，那么企业的销售业绩就有可能是虚假的。

当然也有一些特殊原因导致营业收入和利润均增长而支付的税费下降，这些情况包括：第一，企业享受免税政策，增值税和企业所得税部分享受免税政策或全部享受免税政策；第二，增值税以前年度累积的留抵进项税额较多且大于销项税额，这样的话，企业就无须缴纳增值税。企业虽然盈利且利润增长速度快，但是以前年度的亏损额比较大，当年获取的利润弥补以前年度的亏损之后为负值，这样的情况也是不需要缴纳企业所得税的。

所以，在判断"营业收入与利润大幅增长而支付的税费反而下降"这一现象是否违背正常逻辑关系时，需要将企业享受税收优惠政策以及以前年度亏损情况的信息考虑进去，避免考虑不周出现误判。

13.2.12　毛利率显著高于同行，并无特别竞争优势

毛利率高本身没有问题，通常情况下，毛利率高说明企业的产品或业务具有较强的竞争力，高毛利也预示着公司的盈利空间大，但是如果高得离谱，违背逻辑，自身业务又没有独特之处，有可能存在财务粉饰。

我们可以通过三个方面判断一家公司的高毛利率是否正常：第一，

毛利率显著高于同行业上市公司的水平，或者毛利率的变动趋势与行业不一致；第二，无视经济周期的硬性波动，毛利率的增长变动异常平稳；第三，毛利率稳定或者显著上升时，应收账款增长幅度显著增加，应收账款周转率明显降低，销售回款的现金流入明显萎缩，同时存货周转的速度明显变慢。

浑水调研公司在做空辉山乳业的报告中披露，辉山乳业的毛利率高达 60% 以上，而同类公司比如三元、蒙牛仅为 30%。辉山乳业的主营业务是奶牛养殖与液态奶生产和销售，对于奶牛养殖业来说，饲料占了成本的六成以上，辉山乳业最主要的饲料是苜蓿草。辉山乳业对外解释毛利率较高的原因是苜蓿草主要靠自己生产，而实际上大量的苜蓿草都是进口来的。辉山乳业为了提高毛利率，将苜蓿草的成本进行违规资本化，从而达到减少成本、提高毛利率的目的。

另外，要关注的一点是，毛利率常年保持超乎寻常的稳定也是非正常的信号。由于一些上市公司虚构经济业务的手法非常专业，在策划财务造假的各个环节，为了躲过审计师或监管层的审核，非常重视各项财务指标之间的逻辑关系，往往将历年的毛利率设置在比较稳定的水平，营业收入、资产、利润各科目之间的关系都保持基本同步。所以当我们看到一些企业的毛利率、销售净利率、净资产收益率以及营业收入增长率、总资产增长率、净利润增长率都看起来非常一致，似乎是"整齐划一"而且常年异常稳定时，应该对这样的财务数据保持警惕，过于完美的数据背后可能隐藏着陷阱。

13.2.13　两年微利保平安，一年大亏"洗大澡"

"两年微利一年大亏"，业绩变动呈现这样的规律的上市公司有财务舞弊的嫌疑。

微利，是一个很微妙的盈利水平，虽然是微利，但仍然属于盈利范畴，不属于亏损，而一旦陷入亏损，哪怕是微幅亏损，性质马上恶劣了很多。

我国沪深股市上市规则规定，连续两个会计年度净利润为负值，就要被冠以"ST"风险警示的特别处理标识，连续三年亏损就被冠以 *ST 特别处理标识。有一些上市公司为了避免亏损带来的诸多不利影响，就会千方百计地将亏损做成微利。

这些公司为什么将亏损做成"微利"而不是"大幅盈利"呢？原因很简单，如果要做成"大幅盈利"，就会面临以下两大问题。

第一，造假成本大幅提高。业绩造假是需要成本的，请外部客户、供应商或其他过桥公司配合，需要支付"合作费"，否则别人不会配合你操作。造假也需要耗费内部人力、物力，各种发票、凭证、收据、银行单据都需要有人来操办，都需要花钱。此外，收入多了，利润高了，支付的增值税、城建税、教育费附加、企业所得税等各种税费也会随之增加。

第二，造假风险大幅提升。如果虚构的利润金额过大，造假的难度也随之增大，被会计师事务所、媒体、投资者、监管机构发现的概率同样增大。

正是基于上述两点原因，那些想把亏损做成盈利的上市公司，只有做成"微利"才是既经济又稳妥的选择。

一家原本亏损的企业，如果常年做成微利，并不是一件容易的事。因为将亏损做成微利，如果不进行"整容术"式的财务造假，那么仅有的手段就是将成本费用尽可能地向以后年度推迟入账，将收入尽可能地提前确认，但是这种人为延后确认支出、提前确认收入的诡计，时间久了就会露馅。于是，很多上市公司就采取了一种更隐蔽的手段：两年微利后，通过"洗大澡"的方式来一次彻底的大幅亏损，如图 13-6 所示。

图 13-6　利润操纵手法：两年微利一年大亏

所谓两年微利一年大亏，就是连续两年都勉强迈过亏损的坎儿，但是到了第三年突然来一个大幅亏损，一次亏个够。"大亏"的目的就是将前两年推迟的入账成本费用通过"洗大澡"的方式，在当年一次性"清洗"干净，再把本应摊销至未来入账的成本费用也一并放在当年入账。比如资产减值准备、坏账准备、存货跌价准备、减值的商誉等，尽可能多地在当年集中计提，这样不但将之前推迟入账、操纵业绩的"罪证"一次性"毁尸灭迹"，也为未来几年实现"微利"的假象打好基础，铺平道路。

上市公司常年处于"微利"状态本身就不是一个好现象，假如时不时再来一次大幅亏损，就更不正常了。

所以说，"两年微利一年大亏"往往是上市公司财务舞弊的异常信号之一。当然，这种财务造假手法也不局限于"两年微利一年大亏"，也有"三年微利一年大亏"，还有的是没有规律地在某一年突然大亏，也有上市公司即将被强制退市前突然出现盈利，其目的就是用尽一切手段"保平安"，避免被"ST""*ST"或强制退市。总之，对于这些业绩变动非常异常的上市公司，我们理应保持更高的警惕性。

13.2.14　在建工程规模大幅增长但公司产能利用率并不饱和

公司在建工程的规模占公司总资产的比重过高，在产能利用率本身不饱和的情况下，公司仍在不断扩大生产线，增加在建工程，明显不符合逻辑（见图 13-7）。

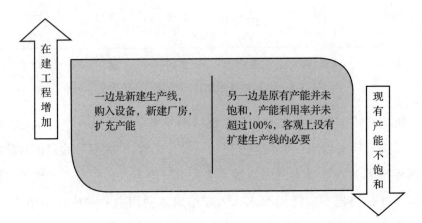

图 13-7   一边是扩大产品线的在建工程，一边是现有产能并不饱和

在建工程之所以成为上市公司调节利润甚至财务舞弊比较常见的科目，原因有以下三点。

第一，会计准则允许一些资产、费用通过在建工程资本化，这样可以推迟成本费用计入利润表的时间，从而可以提高利润。

第二，在建工程在未达到使用状态之前，可以不转入固定资产，从而不需要计提折旧，于是上市公司就通过调整在建工程转入固定资产的时间调节利润。

第三，在建工程在审计时难度较大，哪些采购支出及费用应计入在建工程、在建工程进度如何、何时应当转入固定资产，往往并不容易量化，审计师通常也很难给出专业的意见，很多时候完全靠上市公司自己决定。

最近几年，上市公司通过在建工程操纵利润的手法出现新的变化。仅仅通过在建工程科目的资本化、推迟在建工程转入固定资产的时间来调节利润，已经不能满足上市公司的野心了，很多上市公司通过在建工程进行资金的体外循环，从而达到财务造假的目的。具体操作手法非常简单：首先虚构在建工程，本身只需要投入 100 万元的在建工程，上市公司却投入了 1 亿元，甚至是完全虚设一个根本就不存在的在建工程，把虚增出来的 9 900 万元资金转出到另一家过桥企业，然后过桥企业通过其他公司虚假买入上市公司的产品或服务，从而虚增收入和利润，最后通过看似正常的购销流程把 9 900 万元资金回流至上市公司。通过这样一圈外部周转，9 900 万元资金一进一出，上市公司的营业收入就凭空多出来9 900 万元。这种"体外循环"的手法，我们在 12.5 中介绍过，这正是很多上市公司的造假套路。

当然，还有一种可能是公司将转出去的资金进行套现，不再流入上市公司，而是转到实际控制人的名下，从而达到转移资金、掏空上市公司的目的。

通过在建工程进行财务造假的隐蔽性较强，原因是在建工程将来转入固定资产时，可以通过计提折旧的形式逐渐将虚增出来的收入消化掉。

那么，怎样通过分析在建工程科目判断上市公司是否存在财务造假呢？

第一，在建工程科目余额占总资产的比重过高。

一家公司的在建工程如果金额过大，占总资产的比重过高，与企业的规模不匹配，那么这样的在建工程可能存在问题。比如万福生科 2012年的在建工程高达 1.89 亿元，占总资产的比重高达 51%，后来的事实证明，万福生科正是通过虚构在建工程进行财务造假的。

第二，在建工程长期挂账，迟迟不转入固定资产。

一些公司的在建工程长期挂账，甚至同一个项目三四年都不转入固定资产，这样的现象也是不正常的。因为一旦转至固定资产，就会带来两种结果：一是不能将一些后续的成本费用计入在建工程，不能调节利润；二是在建工程一旦转至固定资产，就要开始计提折旧，可能会降低企业的盈利能力。所以很多企业如果还想做高企业利润，那么将在建工程转入固定资产的积极性就不高，往往找各种不能完工的理由一拖再拖，或者是不断地放缓工程进度。

第三，产能利用率不高，仍在不断扩大与产能有关的在建工程。

一家企业如果现有的产能利用率尚不饱和，但还在不停地扩大生产线，增加设备，新增扩大产能的在建工程，这明显不符合企业经营的实际。

第四，已经停工的在建工程，其财务费用继续资本化。

根据会计准则，符合资本化条件的资产在构建或者生产过程中发生非正常中断，且中断时间连续超过3个月的，应该暂停借款费用的资本化。此外，符合资本化条件的资产已经达到预定可使用或可销售状态时，借款费用也应当停止资本化。也就是说，在建工程一旦转为固定资产，借款利息就要回归财务费用。假如在建工程已经停工转至固定资产，那么与在建工程有关的资本利息支出不能继续资本化，必须费用化计入当期损益。

实际上，利用固定资产科目进行财务造假的手法与在建工程非常类似，唯一的区别就是计入在建工程的成本费用资本化，不需要计提折旧，在建工程造假更为隐蔽。

总之，对于账面长期存在较大金额的在建工程（包括固定资产），投资者必须擦亮眼睛，要认真分析其在建工程的明细，包括项目内容，以及这些项目是否存在长期不完工或长期大量投入资金但进度较为缓慢的情况，还要考虑在经营收入本身不断下降的情况下，企业是否不断上新扩大产能的在建工程。一旦出现这种非正常的现象，我们就要质疑在建工程的真实性。

13.2.15　无形资产大幅增加及研发支出资本化的比例大幅提升

研发支出资本化在企业会计准则中有非常详细的规定，对于能否资本化界定得比较清楚。研发支出资本化成为上市公司进行财务粉饰的一个很常见的手法，资本化的目的就是将本应计入当期损益的支出计入无形资产，而无形资产一般按照年度进行摊销，这样就在客观上将成本费用推迟确认，从而达到虚增当期利润的目的。

正是基于这样的逻辑，我们可以从两个角度识别上市公司是否存在费用过度资本化的问题：第一，无形资产大幅增加；第二，研发支出资本化的比例大幅提升，高于同类公司。

这两个角度应该结合起来看，相互印证。假如公司账面上无形资产较上一年增幅很大，我们也要看具体的原因是什么。有的是企业购买了新的专利、专有技术或者其他知识产权，带来无形资产的增加，这属于正常情况。假如无形资产的增加主要是因为研发支出转资本，那么我们就要质疑其动机，即有可能存在研发支出过度资本化的问题。同时，也要与同类公司的研发支出资本化计提比例进行对比，如果二者差距过大，表明存在异常。

企业会计准则对于研发支出资本化有比较清楚的规定。《企业会计准则第 6 号——无形资产》规定，企业内部研究开发项目开发阶段的支出，同时满足以下五个条件，才能确认为无形资产。

（1）完成该无形资产以使其能够使用或出售在技术上具有可行性。

（2）具有完成该无形资产并使用或出售的意图。

（3）无形资产产生经济利益的方式，包括能够证明运用该无形资产生产的产品存在市场或无形资产自身存在市场，无形资产将在内部使用的，应当证明其有用性。

（4）有足够的技术、财务资源和其他资源支持，以完成该无形资产的开发，并有能力使用或出售该无形资产。

（5）归属于该无形资产开发阶段的支出能够可靠地计量。

同时，《企业会计准则第 6 号——无形资产》还规定，属于研究阶段的支出应当全部费用化，计入当期损益，而开发阶段的支出，符合条件的才可以资本化。所谓研究阶段，是指为进一步开发活动进行资料及相关方面的准备，已进行的研究活动将来是否转入开发、开发后是否会形成无形资产等均具有较大的不确定性，不能资本化。所谓开发阶段，是指已完成研究阶段的工作，在很大程度上具备了形成一项新产品或新技术的条件。

由此可见，会计准则对于研发支出资本化有着非常详细的规定，但在实务中，很多企业在进行研发支出账务处理时，对于是否资本化，往往主观随意性较大，更多的时候是考量公司的利益。

对于投资者而言，如果发现上市公司的无形资产大幅增加，而且主要是研发支出资本化计入无形资产较多导致的，那么我们有理由质疑其业绩的真实性。

13.3　解读证监会提出的 IPO 项目会计舞弊预警信号

关于上市公司会计舞弊的异常信号，国内监管部门也发布过相关研究成果。证监会曾经在 2012 年专门针对 IPO 项目的财务专项核查问题，发布了 12 项会计舞弊预警信号，其中的大多数预警信号至今仍适用。笔者将对这 12 项预警信号逐一进行解读。

1. 发行人当年利润增长幅度大于收入增长幅度或者利润下降幅度小于收入下降幅度的情形

解读：利润增长幅度通常会小于收入增长幅度，利润下降幅度通常会大于收入下降幅度，假如出现相反情况，违背基本逻辑，属于异常信号。当然也要看特殊情况，比如是否由于非经常性损益而出现异常。

2. 发行人当年收入、利润变化趋势明显背离行业发展趋势

解读：通常情况下，企业发展状况与整个行业发展趋势大体上是趋于一致的。如果公司收入、利润的增减变动趋势明显背离行业的发展趋势，也属于异常信号。这种背离幅度越大，异常信号越强烈。

3. 发行人主要产品毛利率或综合毛利率接近或高于同行业上市公司或同行业优质公司

解读：笔者认为，产品毛利率或综合毛利率接近同行业上市公司不能被认为是异常的，如果显著高于同类上市公司或同行业优质公司，就是比较明显的异常信号，尤其是常年高于同类优质公司，异常信号更为强烈。

4. 发行人当年的收入和利润主要来源于新增客户

解读：假如收入和利润绝大部分来源于当年新增客户，通常会有突击做业绩的嫌疑。当然这个异常信号更适用于申请 IPO 的公司。

5. 发行人报告期内前十大客户发生较大变更

解读：当年报告期内前十大客户变更较大，比如之前最大的前五家客户在今年突然消失，变更为五家新的客户，或者是之前一直合作的大客户的销售比重突然大幅降低，而排名靠前的客户全部是新变更的客户。这些情况都属于预警信号。因为企业的主要核心客户出现大幅变更，一定是发生了什么重大变故，要么是产品出现问题，客户不再继续合作，要么是公司业绩造假，把虚假客户做成了大客户。

6. 发行人报告期内前十大境外客户发生较大变更

解读：由于境外客户距离遥远，现场调研难度大，一些上市公司往

往将虚构客户放在境外。假如企业当期报告中境外客户发生较大变更，尤其是新客户突然排名靠前，应引起关注。

7. 发行人采用的收入确认原则为完工百分比法

解读： 采用完工百分比法确认合同的企业在实际执行时，往往具有很大的自由裁量权，客观上给业绩调节留下空间。

8. 涉及发行人财务数据造假的举报情形

解读： 如果有人举报某公司的财务数据造假，那么，这属于异常预警信号，对于这样的公司要格外警惕。

9. 发行人存在经销商或者加盟商模式

解读： 经销商或加盟商模式容易成为上市公司囤货虚增销量的"帮凶"，很多上市公司需要冲击销售额、做高业绩的时候，往往会通过经销商和加盟商的协助，提前大规模购进货物，签订购销合同，这样就会瞬间做高业绩，实际上这些货物并未完成销售，只是囤积在经销商和加盟商的仓库里。

10. 发行人存在现金交易的情形，包括收款和付款

解读： 现金交易最大的问题是无迹可寻，产品买卖不通过银行，就难以查证资金流水痕迹，从而给会计造假的查证带来困难。

11. 发行人当年存在异常、偶发或交易标的不具备实物形态（如技术转让合同、技术服务合同、特许使用权合同等）、交易价格明显偏离市场价格、交易标的对交易对手而言不具有合理用途的交易

解读： 不具有实物形态的交易标的，不需要物流运输，甚至不需要货物签单，交易的链条不完整，这样的业绩造假查证难度比较大，所以

也是一些公司进行业绩造假时喜欢采用的方式。识别这种异常信号的关键是看金额是不是异常大，交易价格是否明显偏高，远高于市场价格，或者交易对手是否具有合理的用途。

12. 项目签字保荐代表人或者会计师事务所、注册会计师有不良诚信记录

解读：上市公司及拟上市公司进行财务舞弊，通常会与会计师事务所、保荐代理人串通作弊，这些中介机构及相关专业人士如果有被处分的不良诚信记录，可将其视为预警信号。

最后，我们对证监会发布的 IPO 项目 12 项会计舞弊预警信号再做几点说明。

第一，这 12 项预警信号是针对申请 IPO 的准上市公司，所以其出发点与识别已上市公司的会计舞弊略有差异，但是仍不失为研判上市公司财务舞弊的有价值的参考信号。

第二，这 12 项预警信号是证监会从监管层的角度出发提出的，监管角度与中介机构、投资机构以及普通投资者的视角有所不同，识别会计舞弊的切入点也有所区别，比如监管机构可以核查企业的银行流水，但是其他人很难做到。

第三，这 12 项预警信号是从不同角度识别的，比如财务指标、客户变更、交易行为、销售模式、中介或举报等。判断一家企业是否存在会计舞弊，并非单纯从会计数据出发，而是综合多个方面发现异常，找到业绩造假的蛛丝马迹。实际上，这 12 项预警信号也不全面，读者可以结合实际情况，从更多的视角、运用更多的方法来识别会计舞弊的信号。

第 14 章

实地调研
隆隆的机器声传递财报信息的真相

完全了解一家公司财报的真相，并不是一件简单的事情，掌握尽可能多的信息，是了解真相的不二法门。信息的来源渠道有很多，我们可以通过研究上市公司的招股说明书、年报及公告，第三方机构的调研报告等来分析、判断财报的真实程度。但是，这些通常都是第二手信息，通过现场调研，往往能够获取更有价值的一手信息。

实地调研能够获取财务报告中看不到的信息。通过亲眼所见，观察企业现场的经营现状，增加分析和判断财务与经营状况的直观感受，从企业现场隆隆的机器声中，能够证实一些信息，也能够证伪一些信息。

14.1　百闻不如一见：财报的真相在现场

从根本上说，财报数字就是对企业经营活动的记录，企业经营得好，收入增加，利润增加，企业财务报表就会比较好看；企业经营得差，收入减少，利润亏损，财务报表上的数字就会比较差。当然，这有一个前提条件就是企业对财务数字不做任何粉饰和舞弊。假如企业对财务会计数字动了手脚，就会给我们解读财报带来挑战。

如果仅仅通过辨别报表数字之间的逻辑关系，即使是很有经验的专业人员，大多数情况下，也只能得出企业"可能造假"的结论，究竟真相是什么，只能靠逻辑推理、演绎和猜测。企业是否真的造假，造假的程度有多高，企业的真实情况是怎样的，往往需要通过其他途径来验证，而现场调研是验证企业财报数字真实性，发掘企业真实经营状况的非常有效的方式。

通过现场调研发现企业财报真相的逻辑并不复杂。假如一家企业收入和利润大增，但是其厂房冷冷清清，机器设备都已生锈，遍地杂草丛生，哪里有生意红火的迹象？假如一家企业账面存货很多，但是在现场看到的所谓存货，都是一堆废铜烂铁，一文不值，很显然这样的存货是没有价值的。假如财报上显示现金流充足，但是媒体经常报道员工讨薪、供应商讨债、公司大门口被人拉横幅讨债，这样的现金流如何能够使人信服？

当然，你可能会说这样反差很大的情况并不常见，大多数企业的会计报表舞弊都难以在现场看出破绽。即使企业财务上虚增了收入、虚增了利润，但是从现场看，仍是一片欣欣向荣的景象：机器声隆隆、人声鼎沸，厂房、车间里人来车往，新产品源源不断地从车间搬运出来。

即使从现场看不出财务造假的端倪，我们仍然能通过与企业各级人员的访谈、沟通、交流，对企业从内到外的细节观察，查看现场的制度、文档，了解员工的状态、管理的秩序等各种侧面信息，识别财报数字中的部分虚假内容。

　　下面，我们通过一个案例来看调查机构是怎样通过现场调查，并结合财务分析，从而揭露企业披露的虚假信息的。

⚲ **案例 14-1**

从调研报告看怎样通过现场调研发现企业虚假信息

　　这是一份美国著名调研公司对中国一家新能源汽车公司的调研报告，我们将这份报告加工整理，从中可以看出专业机构是如何进行现场调查，发现披露的虚假信息的。为了避嫌，我们隐去公司真实名称，将调研公司称为 J 公司，将中国新能源汽车公司称为 F 公司。

　　2021 年，专业调研机构 J 公司发布了一份关于 F 公司的调研报告，调研的结论是 F 公司在会计报表、信息披露方面存在诸多虚假之处。

　　F 公司是美国一家创立 3 年的新能源汽车制造商，实际控制人是一家中国企业，在中国和美国均设有工厂，在纳斯达克挂牌上市。

　　J 公司通过现场走访、分析财务报表及新能源汽车的技术分析，对 F 公司的经营业务状况、财务状况做了深入的考查分析。

1. 经营业务调研

　　F 公司的订单是假的。F 公司在 2021 年 1 月宣告已有 14 000 个用户预订其即将上市的新能源汽车。经 J 公司调研，78% 的预订订单来自同一个公司，通过剖析这家公司的股权关系发现，这个神秘的公司很可能就是 F 公司的子公司。按照 14 000 辆的 78% 计算，即 10 920 辆汽车，F 公司公布的每辆车的价格为 20 万美元，以 10% 的折扣价计算，采购 10 920 辆汽车需要 19.66 亿美元，什么样的公司愿意一次性花费如此多的资金购买 F 公司的汽车呢？

F 公司的工厂并没有大规模生产的迹象。在公告中，F 公司声称其旗下的 H 工厂正在紧锣密鼓地开工生产，预计将在 7 个月内完成量产。但 J 公司在实地走访 H 工厂时发现，工厂内杂草丛生，一片寂静。面对紧迫的生产任务，H 工厂没有任何生产迹象，作为对比，特斯拉的工厂在开工前的 6 个月内，生产车间是异常忙碌的。

F 公司在技术上不具备量产的能力。J 公司采访了两位 F 公司的前高管，他们均表示 F 公司的新能源汽车无论是在电池设计、零部件安全耐用方面还是供应商方面，都不具备量产的实力。F 公司的新能源汽车的零部件绝大部分依赖于中国的厂商，但中国厂商拿不到预付款，没有人会接 F 公司的业务。

还有一个令人吃惊的现象，J 公司经过调研发现，F 公司根本就招不到合格的员工。据了解，F 公司所有的工程工具和硬件设施都因为未付款被拖走了，所以即使有员工也无事可做。

2.财务分析

2020 年财报显示，F 公司账面的银行存款仅有 100 万美元，从资产负债表看，其在建工程、固定资产、存货等几乎没有变化，没有任何有关施工、生产进展的信息。F 公司声称曾投资 10 亿美元用于新能源汽车的研发，但是财务报表显示，每年的研发投入都少于 3 000 万美元，又没有重大资产或设备的投资，哪里来的 10 亿美元的研发投入呢？

在 2018 ～ 2020 年间，F 公司及其子公司多次被起诉，且所涉金额均较小，但债权人均向法院提起诉讼以求得债权实现，其中有些款项至今未获得偿付。

除此之外，报告还列举了 F 公司创始人以及其他高管的一些黑幕，我们不再一一列举。

案例解读：

我们通过 J 公司的调研报告，可以得出这样几点启示。

第一，从财务报告中的数字可以发现违背逻辑的信号。比如，F 公司声称 7 个月内要大规模量产，但是其财务报表中的数字显示，账面仅有 100 万美元的资金，而且存货、固定资产、在建工程等进行量产所必需的硬件都没有变化；其号称投入 10 亿美元研发新能源汽车，但是企业研发支出每年仅 3 000 万美元。此外，通过报表可以验证 F 公司的订单是假的，发布的即将量产的公告也是假的。

第二，通过现场调研最容易发现企业经营的状态。企业经营现场的员工工作状态、机器运转状态等信息，不到现场就无法获得。比如 F 公司声称 7 个月内完成量产，那么当前的生产车间应该是一片忙碌的景象，但是 J 公司实地考察发现，工厂里冷冷清清，杂草丛生，哪里有半点紧张生产的状态？由此可以断定企业的宣传是假的，也可以看出 F 工厂真实的经营状况是很差的，甚至连正常经营都谈不上。当然，企业现场经营的景象并不能完全说明企业的经营状况，还需要结合其他因素研判。

第三，企业的实地调研并不局限于到现场看一看，还要通过其他途径进行核对、验证。比如 J 公司通过调研其客户的背景，发现其 78% 的新订单都集中在一家客户，而这家客户的股权关系显示与 F 公司存在关联。再比如通过访谈 F 公司前高管了解到 F 公司根本不具备量产的能力。由此可以判断，F 公司新订单的客户很可能就是自己的关联公司，新订单都是虚假的。

由此可见，通过实地调研、访谈等可以验证企业的经营事实，可以对财报信息进行证实与证伪。当然，通过财报信息，也可以对企业对外的宣传信息，以及公告的信息进行验证。通过表内信息与表外信息的结合，往往能够更全面地看透企业的真实经营状况。

14.2 实地调研的目的：不仅仅是证实与证伪

实地调研的目的是什么？通过现场调查，可以验证部分财务数字的真实程度，可以判断企业主要的经营问题或者经营风险的范围和程度。

我们通过企业现场考察，能够证实财报信息中真实的一面，也可以对虚假财务数据进行证伪。但是，证实与证伪一些信息，并不是实地调研的全部。我们还可以从以下四个方面理解实地调研更深层次的目的（见图 14-1）。

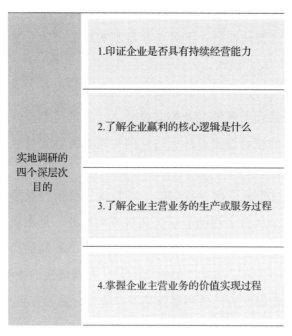

图 14-1 实地调研的四个深层次目的

第一，通过实地调研，印证企业是否具有持续经营能力，是否能够持续提供满足市场需求的、具有竞争力的产品或服务。

在我国改革开放的初期阶段，广东、江浙一带出现了一种"皮包公司"，它们没有固定的经营场所，也没有固定的产品，整个公司都在老板随身携带的皮包里，做生意全靠一张嘴，利用当时经济背景下人们急于获得货源的心理，将二手、三手信息倒卖出去从中获利。当时很多人被这种公司诈骗之后，连责任人都找不到。实际上，现在仍然存在类似的"皮包公司"，只不过更为隐蔽。而"皮包公司"最怕的一点就是客户上门调查，因为到现场一看，就原形毕露了。

实地调研最大的功能就是确认这家公司是不是真实存在，是不是正常经营，是不是有自己的产品或提供稳定的服务，这些产品或服务是不是合法的、能够满足市场需求且具有一定的竞争优势。

第二，通过实地调研，了解企业盈利的核心逻辑是什么，判断企业是否具有良好的商业模式，能否持续地创造利润并获取稳定的现金流。

通过实地调研，我们不仅能看到这家企业是做什么业务的，而且能够看到它的产品和服务的商业模式是什么，它的盈利模式是什么，它的主营业务盈利的核心逻辑是什么，它的主营业务能否持续、长期地创造利润并能够获取稳定的现金流。

此外，通过实地调研，我们能了解到这家公司究竟是生产厂家还是商品贸易商，是从事实物制造还是从事咨询服务，是靠卖产品赚差价还是靠提供智力服务赚服务费。不同的业务类型、不同的商业模式，决定了其盈利能力的强弱。当然，最重要的是，在现场我们能够看到、听到、感受到这家企业提供的产品和服务是否有价值，是否有自身的独特优势，是否满足客户需求，是否受客户欢迎。

第三，通过现场调研，了解企业主营业务的生产或服务过程，用现场的感受判断企业的管理能力和经营效率。

透过报表是看不到生产过程的，而在企业经营的现场，我们能够看到机器运转的状况，能够看到原料领用、生产工艺、工人操作、成品完成的过程。企业生产的过程就是价值创造的过程，我们可以从生产过程中观察到企业管理的规范程度、制造的效率、工艺的先进程度、工人的熟练程度等，即使我们不是专业人员，从现场的场景中，也能直观地感受到经营现状的好与坏。这些现场的细节往往能够帮助我们加深对企业的认识。

除了实物生产，即使是提供咨询服务，我们通过现场观察，与相关人员沟通交流，也能感受到企业的专业能力和水平。

第四，通过现场调研，掌握企业主营业务的价值实现过程。

企业将产品或服务提供给客户，帮助客户解决问题，满足客户需求，同时自身获得了收入，创造了利润和现金流，这个过程就是企业主营业务的价值实现过程。

简单地说，企业的价值实现过程也是完成销售的过程。我们要了解企业的客户是谁，是渠道商、经销商还是终端用户。要了解企业实现销售的过程主要靠销售能力，还是靠技术水平。如果是靠销售能力，就要考察企业的销售组织，销售人员的素质与能力，市场营销的能力；如果是靠技术推动，就要看企业研发团队的能力，研发资金投入占收入的比重，研发成果落地的周期，等等。我们还要了解企业销售是否过于依赖一两家大客户，企业对关键原材料的依赖程度如何。

企业主营业务的价值实现过程，也是决定一家企业竞争能力强弱的因素。我们必须寻找企业产品价值实现的环节、方法、渠道，落实到具体指标上，比如分析企业的人均效率、客户的数量、获客成本等。

通过实地调研可以证实一些信息，即证明企业财报中的某些信息是真实的、可信的，同时也可以证伪一些信息，即证明财报中的某些信息是虚假的、不可信的。实地调研除了能够证实与证伪，更重要的是，我们可以了解企业价值实现的源头在哪里，通过对源头的考察与分析，就可以判断企业经营的结果——财报信息是否符合逻辑，是否水到渠成。通过了解从产品到客户的交易过程，我们可以判断企业经营业务的价值实现过程是否顺畅、是否高效，这决定了企业收入增长水平、盈利水平以及现金流状况的好坏。

需要特别提醒的是，实地调研是获取企业真实经营、财务信息的一个非常重要的途径，但并不是说所有的信息都可以通过现场考察来验证，因为实地调研也有其局限性，即使我们亲眼所见、亲耳所听，也不一定能完全获取到真实情况，或者虽然信息是真实的但也是片面的，所以我们必须对实地调研获得的信息加以辨识，去伪存真。

14.3　实地调研的方法：望、闻、问、切

我们将实地调研的方法总结为四个字：望、闻、问、切。

所谓望，就是看，看什么？一是看企业现场的各种规章制度、经营计划、宣传手册，看各种产品资料、生产资料、技术资料，看黑板报里的新闻与通知，看墙上的标语等，这些看似散乱而零碎的细节信息往往能反映企业真实的状况；二是看厂容厂貌，企业的办公场所、厂房、食堂、宿舍等是否整洁有序，经营管理各环节的状态是蒸蒸日上还是死气沉沉；三是看机器设备等固定资产的运转状态，看企业的机器设备是否正常运行，看车间生产状态是否正常；四是看存货，看仓库现场的入库、出库是否有序，看各项手续是否登记完备，看企业的库存管理是否完善，看企业存货的品类价值高低；五看员工的工作状态与精神面貌。

所谓闻，就是听，听什么？一方面，我们在企业可以听高层管理者对公司愿景、战略、价值观的阐述，可以感受高管团队是否有创业激情

及企业家精神，可以了解高管对于自身业务、市场、竞争格局、战略的认识是否清晰而有深度，可以判断高管是否正视自身问题，是否刻意隐瞒、回避关键风险；另一方面，可以听普通员工对于企业的感受，判断员工是否热爱自己的工作、热爱工作环境、喜欢公司的文化。此外，如果有必要，我们还可以听离职员工对企业的评价，听客户、供应商对企业产品、技术以及企业信誉的看法。当然，听与问是不可分离的，我们可以把听与问结合在一起。

所谓问，就是向企业相关人员提问，向谁问？问什么？利用机会与企业的各级员工访谈、交流，包括中高层管理者与基层员工。通过访谈，我们可以更快地了解一家企业。面对同一个问题，不同的人基于不同的立场所做出的回答可能不同，这能够帮助我们从更多的角度了解企业。通过对这些不同的反馈信息进行比对验证，我们可以发现企业真实的经营情况。面对不同的人，我们提出的问题可以不同，比如向高层管理者，我们可以询问企业未来的发展战略、中长期经营计划、公司的核心竞争力、行业的发展前景、市场地位等；对财务人员可以询问财务的预算、收入确认的原则、成本核算的方法、财务指标异常波动的原因等；对销售人员可以询问产品的定价策略、销售组织架构、销售模式、客户需求的情况等。

对于不同的访谈对象，我们应该提前准备好相对应的问题，做到有的放矢，这样可以提高访谈的效率。

所谓切，就是判断、核实、验证各种事实。通过实地调研可以判断与验证以下两方面内容。

第一，企业的规模是否与财报中的信息一致。比如说报表中的固定资产为 1 亿元，但是现场根本没有看到像样的厂房、机器，固定资产的账面价值与实物根本不相符。

第二，企业的经营状态是否与财报中的经营数据相符。比如，企业的财报中营业收入快速增长、盈利能力快速提升，但是现场看到的情形是生产停滞、车间听不到机器声，整个企业冷冷清清，根本不像正常经营的状态。我们据此就可以判断这家企业的财报存在问题。

14.4　他山之石：投资大师菲利普·A. 费雪的闲聊法

菲利普·A. 费雪是 20 世纪三四十年代华尔街最具影响力的投资大师，他在《怎样选择成长股》一书中提出了解一家企业信息的方法——闲聊法，这种方法看似简单，但是非常有效，能够帮助普通投资者快速找到合适的投资对象。

费雪认为，企业界的信息传递网络非常奇妙，如果你能从熟悉一家企业的特定对象入手，与他们进行沟通交流，就能够获知这家公司的优势与劣势，而且信息的准确度令人吃惊。他提出 5 类闲聊的对象，以及闲聊的内容，如表 14-1 所示。

表 14-1　闲聊的对象与所能获得的资讯

序号	闲聊的对象	闲聊所能获得的资讯
1	同行业 5 家公司	目标公司与同行业公司相比优势和劣势分别是什么
2	供应商、客户	目标公司是个什么样的公司，管理层是什么样的人
3	大学、政府和竞争公司的研究专家	行业地位，竞争能力
4	同业公会组织高级主管	目标公司经营现状
5	企业前员工	精确了解前雇主的强项与弱项，一针见血，当然也有偏见

资料来源：费舍.怎样选择成长股 [M].罗耀宗，译.海口：海南出版社，1999.

研究一家企业，通过与目标企业相关的各方面人士"闲聊"，能够获取不同渠道的资讯，但是并不能保证这些资讯相互之间完全吻合，有可能出现相互矛盾的地方。实际上，我们无须要求不同的信息来源全部相吻合，最重要的是，我们能够通过分析这些信息，辨别真伪，提高我们判断企业状况全面性和准确性的能力，帮助我们快速发现哪些企业具有潜在的投资价值，哪些方面值得我们进一步深入研究、继续设法收集信息。

费雪提出的"闲聊"调研方法，能够扩大我们信息来源的渠道，弥补财报信息、数字信息以及我们收集的文档信息的局限性，通过与目标公司相关的各类人士的直接言语交流，更快获取有关目标企业的鲜活的信息。虽然这些信息未必客观、准确，但是这些定性的信息或者说感性的信息，能帮助我们快速了解一家企业。"闲聊法"实际上也是一种实地调研的方法。

14.5　浑水调查的秘籍：一堆废纸何以价值千万

美国浑水调研公司（Muddy Waters Research）曾以发布在美国上市的中概股调查报告而著称，这家公司独特、周密的调查手段值得我们投资者借鉴。

浑水公司创始人卡森·布洛克，在 2010 年初考察河北省保定市东方造纸有限公司[⊖]（以下简称"东方纸业"）时，看到该公司的工厂破烂不堪，造纸机器设备非常老旧，办公环境潮湿，不符合造纸厂的生产条件。更让人吃惊的是，东方纸业堆放在仓库的一堆废纸，居然就是公司财报上价值 490 万美元[⊜]的存货。正是基于现场调研看到的场景，卡森·布洛

　⊖　2009 年在纽交所上市，现已更名为"互联网科技包装股份有限公司"。
　⊜　按照 2010 年初美元／人民币汇率 6.8 测算，490 万美元大约相当于 3 332 万元。

克看到了这家上市公司财务数据的"水分"。后来浑水公司发布做空调研报告，对东方纸业的股价带来巨大冲击。

14.5.1 浑水公司判断上市公司业绩造假的 10 个异常特征

在本书第 13 章我们介绍了上市公司财务造假的一些逻辑判断，但主要是从财务数据的角度识别财务造假的迹象。事实上，企业业绩造假的特征不完全体现在财务方面，在其他方面的表现也可以暴露企业造假的蛛丝马迹。

一些做空机构比如香橼公司和浑水公司，在做空一些上市公司的过程中，以精准的出击获得了投资者的广泛关注。这两家公司发掘和质疑上市公司财务造假的手段值得我们借鉴。它们是如何精准地发现上市公司财务造假的？它们有什么特别的指标体系或方法吗？通过分析香橼公司和浑水公司的做空研究报告发现，中国概念股所表现出的一些表性特征与财务造假有极强的正向相关性，具体的异常特征主要有 10 个，如表 14-2 所示。

表 14-2 做空公司识别上市公司业绩造假的 10 个异常特征

序号	异常特征	说明	代表公司案例
1	异常高的毛利率	如果企业不存在技术先进、垄断地位等充分的理由，而取得了远高于同行业的毛利率，那么财务报告存在造假的可能	小家电公司德尔集团的毛利率比行业龙头九阳股份高 46%，而九阳股份的规模是其规模的 8 倍，而且德尔集团几乎没有任何广告和零售终端开销，如此高的毛利率不符合逻辑
2	工商和税务部门的报表与报给美国证券交易委员会（SEC）的不一致	如果工商、税务等部门保存的文件与报给 SEC 的文件存在很大差异，则其财务造假的可能性较高	哈尔滨电气的工商登记资料显示，2010 年净利润不到 1 200 万美元，而报给 SEC 的财报显示净利润为 8 000 万美元

（续）

序号	异常特征	说明	代表公司案例
3	隐瞒关联交易或收入严重依赖关联交易	大量关联交易的存在使得公司有虚构业绩或掏空上市公司的可能，因而其业绩的坚实度和财报的可信度都随之降低。如果一家公司存在未披露的关联交易，往往不会是信息披露过失那么简单的原因，背后可能存在更大的问题	东南融通有 70% 以上的雇员来自同一家外包劳务公司，并宣称该公司是无关联第三方。但是这家劳务公司除这笔生意之外未见其他业务存在，而且也未见其试图开展其他生意
4	主要股东和管理层存在可疑的股票交易	公司业绩下滑时，管理层抛售股票不是好兆头；当公司发布重大利好公告，而主要股东和管理层积极抛售股票时，更不是好兆头	新泰辉煌公布了不错的业绩，但管理层毫不犹豫地抛售股票
5	聘请名不见经传的小会计师事务所且信誉不佳	对中国概念股进行财务审计的经常是美国的一些名不见经传的小事务所，而这些小所在中国又无分支机构，不得不将业务委托给中国的一些事务所进行，这就为造假提供了空间	德尔集团聘请的 Goldman Kurland & Mohidin 审计所存在信誉问题，其审计的 3 家公司股价暴跌，1 家公司因财务信息披露违规被摘牌
6	管理层的诚信值得怀疑	不诚实和不值得信赖的管理人员更容易对财务报告造假。如果一家上市公司的核心股东或重要管理人员在过去有严重污点或有事实表明其不值得信任，那么公司财务报告的可信度随之降低	绿诺国际董事长夫妇完成 1 亿美元集资的当天，从公司借款 350 万美元购置豪宅
7	频繁更换审计事务所或首席财务官（CFO）	更换审计事务所或 CFO 也被视为造假的征兆，尤其是频繁更换或者先后聘请的审计事务所都名不见经传	中国生物在 4 年时间内更换了 5 任 CFO

（续）

序号	异常特征	说明	代表公司案例
8	过度外包、销售依赖代理商或中间商	很多造假公司的大部分劳务、业务、销售等采取外包作业，这样将避免公司面对众多的交易对手，并将公司的具体运作情况尽可能地移出财务报表	东南融通超过80%的工作人员来自劳务派遣，这使得其将大量的财务信息转移到表外，使人们难以获知其真实的财务状况
9	复杂难懂的超过商业实际需要的公司股权结构	很多公司的股权结构非常复杂，虽然可能给公司带来税务优势，但是在造成营运低效率的同时，也方便了财务造假和资产转移。尤其是通过不同的国家和地区联结起来的公司，格外值得警惕	嘉汉林业的海外结构复杂难懂，联结了至少20个英属维尔京群岛公司
10	超低价发行股票（增发）	部分上市公司愿意以看起来过低的价格发行股票，此类公司的真实价值存疑	泰诺斯资源的股票交易价格在5美元附近时，设计了复杂的发行策略，以略超过1美元的价格增发

资料来源：根据《什么样的公司有财务造假嫌疑？——来自香橼公司和浑水公司的启示》一文整理，作者：陈彬，刘会军。

14.5.2　"浑水式调研"给我们探索财务真相带来的三点启示

我们把浑水公司这种深入企业每个毛细血管式的调研方式，称为"浑水式调研"。浑水公司在发布的瑞幸咖啡有限公司（以下简称"瑞幸咖啡"）调研报告中披露，为了揭秘瑞幸咖啡是否存在财务造假行为，浑水公司派出了92个全职调查员和1 400个兼职调查员，收集了25 000多张小票，进行了10 000小时的门店录像。正是通过瑞幸咖啡的这些机打小票的销售数据，门店客流量的数据，以及内部员工聊天信息等各种渠道的信息，浑水公司细致推算，最终得出销售数据虚增、广告支出夸大等虚假的信息。

　　"浑水式调研"方法在尽调方面并无什么创新，然而看似最简单的方法往往是最有效的，调研的收获远远大于在办公室里分析数据的收获。这种方法就是通过调查关联公司、供应商、客户，倾听竞争对手，请教行业专家，再去公司现场实地考察，最终找到企业的财务、经营造假证据，或者发现违背逻辑的迹象。

　　"浑水式调研"往往需要投入大量的人力、财力，对于大多数普通投资者来说，很难做到，但是"浑水式调研"为我们发掘企业财务真相提供了很多有价值的启示。

　　第一，基于企业公开发布的财务报告，对数据进行逻辑分析，是研判企业是否存在财务造假的最简单和最实用的方法，也是识别财务造假的第一步。因此，如果试图判断企业公开发布的财务数据是否存在问题，就必须懂得分析资产负债表、利润表、现金流量表、股东权益变动表，以及各种报表附注，并通过专业的辨析，从中找到财务造假的蛛丝马迹。浑水公司做空一家企业，通常就是从研判企业的财务报告开始，在报表数据中识别企业存在的异常问题，然后结合其他方式进行"证实"或"证伪"。

　　但是，仅凭财报数字识别假账的局限性也是显而易见的，因为这种分析方式只能"猜测"，而无法"证实"，并不是说财务报表中的数据看起来异常，就一定存在财务造假。

　　第二，从企业行为、现象中判断企业是否存在财务造假的迹象。仅凭财务报表、经营数据来识别企业财务舞弊的方法存在局限性，我们可以结合企业的一些行为表现、企业发生的一些活动进行判断，准确性会更高一些。比如企业控股股东不合时宜地抛售股票的行为，企业销售模式过度依赖中间商、代理商的行为，企业的高管尤其是 CEO、CFO 频频更换的行为，企业的经营风险频频被媒体曝光……这些与企业密切相关的行为、活动、现象的背后，往往隐藏着非正常的问题，如果能够把这些问题与财务报表中的异常数据进行相互验证，判断企业财务造假的准确性就能大大提高。

"浑水式调研"就是将财务报表内的信息与非财务信息结合起来分析，从而大大提高判断的准确率。

第三，"浑水式调研"是发掘企业真相最有效的方式。所谓"浑水式调研"就是不惜投入巨大的人力、物力，与企业的客户、供应商、物流公司、经营门店、内部员工等进行沟通，采取几乎所有能够调查到企业信息的途径，最终将自己调查的结果与企业公开发布的数据相验证。事实证明，这种方式是发现企业经营真相非常有效的方式，浑水公司的做空报告揭露造假行为的成功率极高。

14.6 警惕风险：避开实地调研的陷阱

实地调研是了解企业经营真相非常重要的途径之一，但是实地调研不是万能的，并非通过企业实地调研就能够完全看透企业财务报表上的假象，实际上，实地调研也要规避一些风险。

第一，被调研方刻意现场"摆拍"，营造虚假的正常经营迹象。有些造假较为严重的上市公司，为了营造良好的经营氛围，在股东、投资者、监管部门等实地调研时，故意将经营环境搞得热火朝天，停产的机器重新开动，休假的员工重新上岗。面对这种情况，投资者必须多方观察，到生产、销售、技术、仓库、物流等各个部门进行考察，避免被假象蒙蔽。

第二，警惕个人观察视角的主观性，不要以偏概全。每个人的观察角度不一样，思维方式也不一样，所以任何人实地调研的主观性都非常强，有时候会因为观察数据的量太少，观察视角存在偏差，或客观上存在地区差异、行业差异、个体差异等，导致观察到的信息不全面、不客观、不准确。所以，在调研时，务必从多个角度观察、分析和验证，不能仅凭自己眼睛看到的信息就得出结论，现场看到的信息要与企业的财报以及公开的各种资讯结合起来进行分析，尽可能做到客观、理性。

因此，虽然现场调研是非常重要的获取企业信息的方式，但是也不能过于迷信现场调研的功能，并不是所有的信息都可以通过现场调研得到验证，它只是验证、分析企业财务、经营信息的一种非常重要的补充方式。实地调研必须结合财报、其他公开信息进行全盘考虑，综合判断，尽可能掌握更翔实、多角度的信息，并经过必要的逻辑推理和演绎，最后得出相对可靠的结论。

14.7　给真相拼图：拼图越完整，越接近事实

财报真相的挖掘有点类似于考古，只有将不断挖掘、打捞出来的证据，像拼拼图一样进行拼接，才能逐步还原某个历史场景。我们获取的信息越多，证据越多，拼图就会越完整，拼图越完整，就会越接近事实。

我们先看一个真实的历史故事。

1935 年 3 月 20 日，记者贝特霍尔德·雅各布被绑架，随后被带到柏林的纳粹总部。他被指控的罪行是：出版了一本关于德国军事机密的书，里面详细记录了德国军队的组织结构，列出了德军各级司令部、各师和各军管区的番号、编制、装备、人数、驻扎地点，还有 168 名陆军各级指挥官的姓名、年龄、经历和任职时间，甚至包括新建立的装甲师步兵排。

审讯者问他是怎样获得这些信息的，谁是消息源？令审问者震惊的是，答案是德国的出版物。这位记者在长年累月的跟踪研究中，阅读、记录、汇编了德国各类期刊上的新闻、讣告、结婚声明和文章。不但没有泄密的情况，也没有什么特工或告密者，他依靠的仅仅是任何人都能看到的"公开"资料。例如，记者在书中披露哈齐少将是第17师团的指挥官，并驻在纽伦堡，这个信息是根据当地报纸上的一份讣告信息得知：新近调驻在纽伦堡的第17师团指挥官哈齐少将也参加了葬礼。又如，这位记者从一家地方报纸的社会新闻栏目中看到菲罗夫上校的女儿和梅尔曼少校举行婚礼的有关报道，其中提到菲罗夫上校是第25师团第36联队的指挥官，梅尔曼少校是信号军官，以及参加婚礼的有从斯图加特赶来的师团指挥官沙勒少将。

这些看似零碎的新闻、报告、通知、讣告的信息片段，实际上都是德国纳粹军事机密的一个个拼图，这位有心的德国记者将这些拼图精心整理、拼接在一起，就构成了完整而准确的德军布防图。

我们应该清楚，财务报表所呈现的信息只是企业全貌的一部分，它有很大的局限性，如果想更准确地掌握企业的经营与财务状况，必须善于通过分析财务信息与非财务信息，并进行相互验证，以合理的推理、演绎、预测等方法，研判企业财务数据的可信度。严肃的财务分析过程，不仅仅是对报表内部的数字进行分析，更多的是对企业的经营信息、财务信息进行证实或证伪的过程，是一个去伪存真、发掘企业真相的过程。

财报数字的解读，财报真相的发掘，绝不仅仅是通过报表里的数字就能找到一切，必须充分拓展信息渠道，掌握关于公司的更多信息。信息越多，证据越多，拼图越多，企业的真相就会越完整、越清晰、越准确。

参考文献

［1］郑朝晖. 财报粉饰面对面［M］. 北京：机械工业出版社，2015.

［2］刘姝威. 上市公司虚假会计报表识别技术［M］. 北京：机械工业出版社，2011.

［3］薛云奎. 克服偏见：还原财报背后的真相［M］. 北京：机械工业出版社，2018.

［4］蔡千年. 财务思维：如何成为一个财务高手［M］. 北京：电子工业出版社，2017.

［5］刘建位. 巴菲特股票投资策略［M］. 北京：机械工业出版社，2005.

［6］费舍. 怎样选择成长股［M］. 罗耀宗，译. 海口：海南出版社，1999.

［7］约翰·特雷西，塔格·特雷西. 玩转财报［M］. 池国华，等译. 8版. 北京：中国人民大学出版社，2017.

［8］希金斯. 财务管理分析［M］. 沈艺峰，等译. 6版. 北京：北京大学出版社，2003.

［9］多尔西. 巴菲特的护城河［M］. 刘寅龙，译. 北京：中国经济出版社，2019.

［10］格雷厄姆，多德. 证券分析（下）［M］. 巴曙松，等译. 6版. 北京：中国人民大学出版社，2013.

［11］陈竞辉，罗宾臣. 亚洲财务黑洞［M］. 张鲁明，译. 北京：机械工业出版社，2015.

财务知识轻松学

书号	定价	书名	作者	特点
45115	39	IPO 财务透视：方法、重点和案例	叶金福	大华会计师事务所合伙人经验作品，书中最大的特点就是干货多
58925	49	从报表看舞弊：财务报表分析与风险识别	叶金福	从财务舞弊和盈余管理的角度，融合工作实务中的体会、总结和思考，提供全新的报表分析思维和方法，黄世忠、夏草、梁春、苗润生、徐珊推荐阅读
62368	79	一本书看透股权架构	李利威	126 张股权结构图，9 种可套用架构模型；挖出 38 个节税的点，避开 95 个法律的坑；蚂蚁金服、小米、华谊兄弟等 30 个真实案例
70557	89	一本书看透股权节税	李利威	零基础 50 个案例搞定股权税收
52074	39	财报粉饰面对面	夏草	夏草作品，带你识别财报风险
62606	79	财务诡计（原书第 4 版）	（美）施利特 等	畅销 25 年，告诉你如何通过财务报告发现会计造假和欺诈
58202	35	上市公司财务报表解读：从入门到精通（第 3 版）	景小勇	以万科公司财报为例，详细介绍分析财报必须了解的各项基本财务知识
67215	89	财务报表分析与股票估值（第 2 版）	郭永清	源自上海国家会计学院内部讲义，估值方法经过资本市场验证
58302	49	财务报表解读：教你快速学会分析一家公司	续芹	26 家国内外上市公司财报分析案例，17 家相关竞争对手、同行业分析，遍及教育、房地产等 20 个行业；通俗易懂，有趣有用
67559	79	500 强企业财务分析实务（第 2 版）	李燕翔	作者将其在外企工作期间积攒下的财务分析方法倾囊而授，被业界称为最实用的管理会计书
67063	89	财务报表阅读与信贷分析实务（第 2 版）	崔宏	重点介绍商业银行授信风险管理工作中如何使用和分析财务信息
58308	69	一本书看透信贷：信贷业务全流程深度剖析	何华平	作者长期从事信贷管理与风险模型开发，大量一手从业经验，结合法规、理论和实操融会贯通讲解
55845	68	内部审计工作法	谭丽丽 等	8 家知名企业内部审计部长联手分享，从思维到方法，一手经验，全面展示
62193	49	财务分析：挖掘数字背后的商业价值	吴坚	著名外企财务总监的工作日志和思考笔记；财务分析视角侧重于为管理决策提供支持；提供财务管理和分析决策工具
66825	69	利润的 12 个定律	史永翔	15 个行业冠军企业，亲身分享利润创造过程；带你重新理解客户、产品和销售方式
60011	79	一本书看透 IPO	沈春晖	全面解析 A 股上市的操作和流程；大量方法、步骤和案例
65858	79	投行十讲	沈春晖	20 年的投行老兵，带你透彻了解"投行是什么"和"怎么干投行"；权威讲解注册制、新证券法对投行的影响
68421	59	商学院学不到的 66 个财务真相	田茂永	萃取 100 多位财务总监经验
68080	79	中小企业融资：案例与实务指引	吴瑕	畅销 10 年，帮助了众多企业；有效融资的思路、方略和技巧；从实务层面，帮助中小企业解决融资难、融资贵问题
68640	79	规则：用规则的确定性应对结果的不确定性	龙波	华为 21 位前高管一手经验首次集中分享；从文化到组织，从流程到战略；让不确定变得可确定
69051	79	华为财经密码	杨爱国 等	揭示华为财经管理的核心思想和商业逻辑
68916	99	企业内部控制从懂到用	冯萌 等	完备的理论框架及丰富的现实案例，展示企业实操经验教训，提出切实解决方案
70094	129	李若山谈独立董事：对外懂事，对内独立	李若山	作者获评 2010 年度上市公司优秀独立董事；9 个案例深度复盘独董工作要领；既有怎样发挥独董价值的系统思考，还有独董如何自我保护的实践经验
70738	79	财务智慧：如何理解数字的真正含义（原书第 2 版）	（美）伯曼 等	畅销 15 年，经典名著；4 个维度，带你学会用财务术语交流，对财务数据提问，将财务信息用于工作